长江经济带
思想沙龙汇编
（1～30期）

涂永红 等◎编著

中国财富出版社有限公司

图书在版编目（CIP）数据

长江经济带思想沙龙汇编 . 1 ~ 30 期 / 涂永红等编著 . -- 北京：中国财富出版社有限公司，2025. 8. -- ISBN 978-7-5047-8254-0

Ⅰ . F127.5

中国国家版本馆 CIP 数据核字第 20247AZ384 号

策划编辑	李彩琴	责任编辑	孟 婷 杨白雪	版权编辑	武 玥
责任印制	苟 宁	责任校对	孙丽丽	责任发行	于 宁

出版发行 中国财富出版社有限公司

社 址 北京市丰台区南四环西路 188 号 5 区 20 楼   **邮政编码** 100070

电 话 010-52227588 转 2098（发行部）   010-52227588 转 321（总编室）

010-52227566（24 小时读者服务）   010-52227588 转 305（质检部）

网 址 http://www.cfpress.com.cn   **排 版** 宝蕾元

经 销 新华书店   **印 刷** 北京九州迅驰传媒文化有限公司

书 号 ISBN 978-7-5047-8254-0/F·3838

开 本 710mm×1000mm 1/16   **版 次** 2025 年 8 月第 1 版

印 张 15.75   **印 次** 2025 年 8 月第 1 次印刷

字 数 219 千字   **定 价** 88.00 元

编 委 会

主　编：涂永红

副主编：万永春　刘　航　罗百英

编　委：（按姓氏笔画排序）

尹宗国　吕　陈　多玉琴　吴璐汐　陈　睿

陈春浩　林华兵　胡先强

PREFACE　　**前言**

　　长江经济带横跨我国东中西三大板块，生态地位突出，发展潜力巨大，是我国经济中心所在、活力所在。推动长江经济带发展是党中央作出的重大决策，是关系国家发展全局的重大战略。几年来，习近平总书记主持召开了四次座谈会，强调长江经济带要在高水平保护上下更大功夫，坚持创新引领发展，强化区域协同融通，统筹好发展和安全，进一步推动长江经济带高质量发展，更好支撑和服务中国式现代化。同时，习近平总书记在参加十四届全国人大二次会议江苏代表团审议时强调，要牢牢把握高质量发展这个首要任务，因地制宜发展新质生产力；要在更大范围内联动构建创新链、产业链、供应链。

　　为更好开展长江经济带高质量发展的理论、政策和战略研究，中国人民大学国家发展与战略研究院、中国人民大学长江经济带研究院联合发起设立了高层次学术沙龙——长江经济带思想沙龙。沙龙围绕长江经济带高质量发展的经济版图、生态版图开展研究，聚焦产业链、创新链、资金链、生态链建设发展的热点、难点、痛点问题开展深入讨论，碰撞思想火花，汇聚精英睿智，为全面推动长江经济带发展贡献智慧和力量。

　　长江经济带思想沙龙首期活动于2021年1月举办，截至2024年1月，已举办30期，邀请到国家部委、省市州相关部门领导、知名高校和研究所专家学者、企业代表等参与研讨。活动网络覆盖上海、武汉、成都、苏州、合肥、宜宾等多个长江经济带沿线城市，并延伸至北京、海口、福州、温州等城市，实现了长江经济带与京津冀、粤港澳大湾区、海南自由贸易港等国家重点发展区域的互动交流。在此基础上，编委会整理参会嘉宾发言实录，形成长江经济带思想沙龙第1～第30期观点并汇编成书。

　　本书中所涉及的政治思想、经济数据、政策法规、人员职务等内容均为当期活动的信息，如有变化，不再更正修改。

CONTENTS 目录

长江经济带思想沙龙

（第1期）

双循环新发展格局下宜宾产业创新发展与现代化

2021年1月27日，由中国人民大学长江经济带研究院主办的长江经济带思想沙龙（第1期）顺利举行，本期沙龙的主题为"双循环新发展格局下宜宾产业创新发展与现代化"。中国人民大学长江经济带研究院院长涂永红教授发表致辞。宜宾市人民政府副市长张健发表了主题演讲。随后，欧阳明高院士工作站（四川新能源汽车创新中心有限公司）董事长华剑锋，西南财经大学长江金融研究院院长助理杜世光，宜宾学院经济与工商管理学部部长杨波，宜宾市委组织部副部长、人才工作局局长何春琳，中国工商银行宜宾分行高级经理汪涛，宜宾市金融工作局副局长姚瑜琳，宜宾市委组织部副部长铁强分别围绕主题演讲发表了自己的观点。宜宾市委宣传部原副部长、市委讲师团原团长刘大桥，宜宾市委政策研究室副主任李兴建，四川大学宜宾园区副院长杨志山，电子科技大学宜宾研究院副院长陈波，宜宾市大学城科创城建设服务局局长陈胜，宜宾丰川动力科技有限公司总经理陈红旭，五粮液技术研究中心副主任郑佳，欧阳明高院士工作站（四川新能源汽车创新中心有限公司）副总经理董祯海出席会议。会议由中国人民大学长江经济带研究院院长涂永红教授主持。

涂永红教授首先致开场词。她对参加首期研讨会的各位嘉宾致以热烈的欢迎和诚挚的感谢，并介绍了中国人民大学长江经济带研究院的基本情况与主要研究成果。她指出，长江经济带思想沙龙系列活动是研究院新拓展的业务板块，重点围绕基础理论、热点问题开展深入讨论和前瞻性研究，旨在搭建高水平、专业化、开放式的学术交流平台，推动政、产、学、研各界专家研究协作，增进长江智库跨界合作。

在主题演讲环节，张健副市长围绕宜宾概况、产业发展、历史沿袭、未来发展重点与思考做交流分享。首先，张健副市长用四组词介绍了宜宾。一是"二三四"，宜宾文化底蕴深厚。宜宾具有2200多年建城史、3000多年种茶史、4000多年酿酒史，历代名人辈出，养育了无数革命先烈和文坛大师，积聚了多姿多彩的文化。二是"三二二"，宜宾经济基础坚实。2020年，宜宾地区生产总值2802.12亿元，居四川第三位（次于成都、绵阳）；一般公共预算收入200.03亿元，居全省第二位；规上工业增加值总量居四川省第二位、利润总量居四川第二位。三是"水陆空"，宜宾区位优势突出。拥有长江上游航运物流中心——宜宾港；有通往全国19个城市的空中航道，是川滇黔区域的航空桥梁；有4条高速铁路交会，是全国50个铁路枢纽之一。四是"1+N"，宜宾开放平台运行良好。宜宾以三江新区为核心载体，已建成宜宾综合保税区、宜宾港保税物流中心（B型）、宜宾港国家临时开放口岸、宜宾港进境粮食指定监管场地、中国（四川）自由贸易试验区宜宾协同改革先行区在内的开放平台。

随后，张健副市长简单回顾宜宾工业发展历史。一是小荷才露尖尖角——源远流长的民族资本工业萌芽。宜宾工业起步较早。汉代产盐，晋代兴建；酿酒历史悠久，明代兴业；晋代贡茶，远销周边。二是万里长江当守边——抗战时期的实业报国热忱。全面抗战爆发后，宜宾作为西南大后方的重镇，承接了内迁的沿海工业，建立了宜宾发电厂、中元纸厂（原长江造纸厂）、中央机器厂宜宾分厂、中央电瓷有限公司宜宾厂（今红星电子）、中国纸厂（今宜宾纸业）、上海天原电化厂宜宾工厂（今天原集团）、军政部兵工署第二十一兵工厂岩洞厂房（兴文县袁家洞）。三是沉舟侧畔千帆过——"三线"建设时期奠定的工业基础。"三线"建设期间，一大批产业内迁，国家对宜宾地区基本建设投资超37亿元，在宜宾建成了40多个以国防科技为主的企事业单位，带来了全国各地支援"三线"建设的领导干部、科技人员和优秀学子，对宜宾经济社会发展发挥巨大的促进作用。四是敢教日月换新天——改革开放时期的先行先试。1992年，宜宾率先在全国进行了以产权制度为核心的县属国有企业改革，创造了宜宾经验。1997年，宜宾被列入全国综合配套改革试点城市。2000年以后，宜宾抓住"债转股"机遇，积极争取配套改革，创造了丝丽雅"腾笼换鸟"等一批改革经典案例。

随后，张健副市长概括介绍了宜宾"十三五"时期取得的工业经济成效。在工业经济"量质效"方面，宜宾工业总量突破千亿，居四川省第3位。规上工业年均增速高于全国、四川平均水平，规上工业利润总额实现翻番。2020年全部工业对GDP增长的贡献率达46.6%。在"产业发展双轮驱动"方面，新兴产业强势崛起，智能终端、汽车、轨道交通等八大高端成长型产业从无到有、从有到优，全面起势。传统产业焕发生机。白酒、纺织、化工等传统优势产业在转型中实现了结构调整、产业升级、巩固提升。在企业培大育强方面，2020年五粮液集团营收573.21亿元、市值突破万亿元，丝丽雅集团、天原集团营收均突破300亿元。在融合创新示范方面，三江新区、临港经开区、区县经开区等产业平台搭建取得新突破。宜宾已建成9家省级创新型平台，11家科研院所和2个院士工作站入驻运行。

接着，张健副市长分享了对宜宾"十四五"时期发展方位与使命的体会和理解。一是"时"与"势"。必须以全面、辩证、长远的眼光审时度势，勇担新发展阶段的历史使命。同时，介绍了宜宾"十四五"工业高质量发展思路，包括打造千亿级产业集群、打造世界消费品工业重镇、推进优质企业梯度发展、建设现代产业园区等。二是"危"与"机"。宜宾处于历史上最好的发展时期，但"危"与"机"并存，挑战和机遇都有新的发展变化，如何加强"危"与"机"的转化、在危（机）中孕育先机，是未来的重点工作。三是"进"与"退"。要在改革供给、扩大内需中融入新发展格局。对不符合新发展格局要求，不符合宜宾发展方向的思想藩篱和体制障碍要大胆革除。

最后，张健副市长对本次沙龙提出了期望。他认为，宜宾有基础和条件在"十四五"时期实现更高水平的发展，但基础和条件还不牢不稳，需要科技创新作为发展新动能。下一步，宜宾如何用科技创新赋能传统产业，驱动传统产业转型升级；如何用科技创新催生新兴产业，推进数字经济、智能制造等战略性新兴产业发展，这些需要进一步精耕细作，希望各位专家学者、各类智库建言献策。

欧阳明高院士工作站（四川新能源汽车创新中心有限公司）董事长华剑锋针对宜宾新能源汽车未来的发展谈了一些想法。他认为，过去我国传统汽车核心技术过于依赖国外的情况在近年来有了较大改善。然而，即使是在如今可以解决新能源汽车大部分技术问题的良好态势下，上游的核心技术，如芯片等，依然存在短板。因此，他建议：一方面，应继续努力在上游技术层面取得突破，并深入了解国外的市场，从而拓宽新能源汽车产业的外循环；另一方面，发展内循环，做好产业链布局是关键。汽车产业在构建产业集群时，对配套产业支撑面的广度要求较高。宜宾需要在当前抓住汽车产业龙头企业的背景下，进一步加强与周边城市（如成渝地区双城经济圈）的合作。

西南财经大学长江金融研究院院长助理杜世光从金融发展与经济发展相互促进的视角分享了自己的见解。他发现，宜宾金融业虽然在过去几年发展较快，但落后于经济发展，金融业增加值仅占全市 GDP 的 4%，远低于全国水平。加快金融发展，是未来宜宾进行产业升级，建设区域经济中心的重要抓手。他从信息收集与资金来源两个方面探索了宜宾金融发展的路径。在信息收集方面，应利用金融科技手段，通过大数据、人工智能、区块链等技术，分析各种变量因子，建立宜宾各类企业信用评价体系，缓解资金供需双方信息不对称的情况，破解中小微企业、民营企业、低收入群体融资难题，助推供应链金融、绿色金融、跨境金融、汽车金融快速发展，为实体经济加速发展提供有效支撑。在资金来源方面，他建议寻求符合宜宾发展的融资方式，尤其是利用好五粮液金字招牌，通过资本市场、债券市场进行直接融资。另外，截至2021年7月，宜宾有33家企业进入四川省上市后备企业资源库，建议成立拟上市公司辅导机构，在人力、融资方面予以倾斜，力争在"十四五"期间再增加4～6家上市公司。最后，他强调应合理利用人才资源，通过除政府补贴以外的工作机遇来吸引人才更为重要。

宜宾学院经济与工商管理学部部长杨波围绕宜宾产业发展趋势的主题交流了自己的想法。宜宾"十三五"期间取得巨大成绩的重要经验就是解放思想。市委、市政府布局了"无中生有"的产业发展思路，又前瞻性地大力开展大学城、科创城建设，为产业持续升级奠定坚实基础。宜宾在"十四五"期间还要进一步解放思想，不能故步自封。要持续地对长江经济带、成渝地区双城经济圈的产业发展进行研判，对接长三角、珠三角，继续利用好宜宾的比较优势，做好产业选择。要具有危机意识，比如宜宾的智能终端产业均是产业转移落地的，目前存在缺乏核心技术支撑核心竞争力的情况，如果未来没有足够的科技资源支撑产业升级，有从宜宾迁出的可能。在产业创新方面，杨波部长认为有两条路径：①依托核心技术的集成创新，如锂电行业，持续创新突破，成为全球大产业链中的重要一环，并打造相应的产业生态。在产业分工全球化的背景下，不单纯依赖某个国家、积极寻找"备胎"的战略设计也不容忽视。②传统产品集群创新，比如食品行业工艺、产品的创新，降低成本，提高质量，将技术与产业融合起来。要重视创新主体的培育，小微企业是创新的活力源泉，但目前对其的金融支持力度还略显不足。与此同时，民营企业发展也还需加强。杨波部长强调，两条路径有不同的创新重点，因此，落地的科研政策要有所区别，产研融合要有不同方式。

宜宾市委组织部副部长、人才工作局局长何春琳从坚持人才引领、筑牢宜宾"产业发展双轮驱动"人才支撑的角度出发分享了她的观点和想法。一是要突出前瞻布局、目标导向，紧紧围绕党中央关于"十四五"发展的决策部署，聚焦产业创新发展、转型升级迫切需求，深入研究"需要什么人才""人才从哪里来""来了如何使用"三大问题，精准施策、务实推进。二是要着力完善人才发展治理体系，结合"十四五"人才发展规划和拟出台的人才新政，进一步树牢"抓人才就是抓发展"意识，强化党管人才责任，加快构建党委统一领导、组织部归口管理、人才工作局牵头推进、多部门协同联动的人才工作新格局。三是要着力完善人才支持政策，丰富人才招引扶持工具，加快推进人才创新创业基金的组建，以智能制造、新材料等领域为重点，撬动更多两院院士和行业领军人才来宜创新创业、转化成果，带动高新技术产业蓬勃发展。四是要着力优化工作举措，强化服务保障，积极推进人才大数据平台建设，根据产业地图勾画人才需求地图，持续实施"人才绿卡"制度，为人才提供住房保障、医疗保健、交通出行等优厚待遇，营造尊贤重才、拴心留人的一流环境。五是要充分发挥长江经济带研究院的智库和桥梁作用，组织开展长江经济带高端人才交流、高校校长论坛等主题活动，围绕产业发展、乡村振兴等领域，深入开展课题研究，探索推出城市活力指数，为宜宾加快建成四川和成渝地区经济副中心建言献策。

中国工商银行宜宾分行高级经理汪涛从银行参加宜宾建设并落实政策的角度出发，发表了观点。她首先对宜宾分行2020年的信贷投放情况进行总结。2020年年末，宜宾分行各项贷款余额305.93亿元；项目及房地产贷款余额98.56亿元；银保普惠口径小微企业贷款余额10.81亿元，其中与宜宾五粮液集团达成数字供应链融资业务合作，开发了"五粮e贷"和"五粮液供应链融资"两款融资类产品；涉农贷款33.91亿元。未来3年，宜宾分行预计贷款新增130亿元，按照4.6∶5.4的比例配置个人和法人信贷增量。宜宾分行将继续在巩固城建、交通及房地产等传统信贷领域，加大对制造业和幸福产业的支持。按照中国工商银行总行打造第一按揭银行的思路，围绕宜宾城市化发展进程，加快新市民的购房融资需求，加快个人信贷发展步伐。围绕宜宾和三江新区发展规划，支持宜宾招商引资、升级改造头部制造业企业，重点关注屏山、临港和江安等工业园区纺织企业、智能终端企业、锂电池企业等行业客户群。

宜宾市委组织部副部长铁强谈了自己对大学城的一些理解和认识。他从大学城在产业发展中所扮演的角色角度出发，认为未来应该探索大学如何服务地方产业，以及大学精神文化底蕴如何融入宜宾文化的问题。将大学与城市更好地融合，利用大学的知识溢出效应和科技创新能力为宜宾助力。同时，"大学出种子、地方出土壤"，产教研融合有具体的平台作为支撑，才能发挥好高校在孕育新兴产业方面的作用。在这方面，昆山与清华大学的合作经验值得借鉴。除此之外，干部能力还有待进一步提高。除了在实干中学习进步，邀请具有实操经验的专家学者进行实用性培训也很重要。

宜宾市金融工作局副局长姚瑜琳围绕产融结合谈了自身体会。近年来，随着宜宾新兴产业的蓬勃发展，各方对金融的需求、期待与关注达到空前高度。金融工作局在搭建银企对接平台、双周融资协调例会、企业上市培育、建立银行考核评价机制、完善金融业态等方面开展了系列工作。截至2020年11月末，宜宾全市贷款余额增速达27.73%、居四川第1位，新增贷款510.64亿元、居四川第2位。在宜宾产业发展蓝图中，如何更好地发挥金融支持作用亟待深入思考。目前，新兴产业企业"融资难"问题依旧存在，原因是多方面的：银行端，产品创新力度不足、抵质押品要求高；企业端，抵质押品短缺；政策端，风险担保资金池作用还需进一步发挥；等等。下阶段，如何在产融深度结合方面取得突破，希望研究院建言献策。

会议最后，涂永红教授就嘉宾以及其他与会者的发言进行了简要总结。首期沙龙圆满落幕，取得了良好成效，与会者受益匪浅、收获颇丰。长江经济带思想沙龙活动旨在碰撞思想火花，汇聚精英睿智，搭建高水平、专业化和开放式的学术交流平台，为学科建设、长江经济带和宜宾的高质量发展贡献智慧和力量。

长江经济带思想沙龙

（第2期）

长江经济带绿色发展模式与路径

2021年2月25日，由中国人民大学长江经济带研究院、贵州绿色发展战略高端智库（贵州财经大学绿色发展战略研究院）、*Economic and Political Studies*（《经济与政治研究》）期刊联合主办的长江经济带思想沙龙（第2期）在贵阳（线上）顺利举行。本期沙龙以"长江经济带绿色发展模式与路径"为主题，特邀中共贵州省委原副秘书长、省委政策研究室原主任，省委改革办原主任、贵州财经大学绿色发展战略研究院（贵州首批新型特色智库）首席专家李裴就"长江经济带发展方式和路径"发表主题演讲；中国人民大学国家发展与战略研究院副院长许勤华教授就"生态文明与可持续发展议程"发表主题演讲；贵州财经大学副校长李汉文教授出席会议并致辞。本期沙龙由贵州财经大学校长助理、中国人民大学财政金融学院货币金融系副主任何青教授主持。

会上，四川大学经济学院邓玲教授，宜宾学院经济与工商管理学部部长杨波教授，中国人民大学经济学院教授、海南省委政策研究室副主任（挂职）罗来军，中国人民大学财政金融学院应用金融系副主任郭彪副教授，重庆科技学院唐龙教授，中国人民大学长江经济带研究院院长涂永红教授，成都理工大学商学院黄寰教授，贵州财经大学大数据应用与经济学院院长杨杨教授，贵州大学公共管理学院陈长教授，贵州财经大学绿色发展战略研究院副院长杨春宇教授等嘉宾围绕沙龙主题和主题演讲内容进行了充分研讨。

贵州财经大学副校长李汉文教授在致辞中，首先对参加本期沙龙的各位嘉宾表示热烈欢迎，随后介绍了贵州财经大学在人才培养、科研机构建设、服务地方经济发展等方面的工作成效，最后预祝本期沙龙取得圆满成功。

中共贵州省委原副秘书长、省委政策研究室原主任、省委改革办原主任，贵州财经大学绿色发展战略研究院（贵州首批新型特色智库）首席专家李裴在进行"长江经济带发展方式和路径"主题演讲时，首先总结了党中央对推动长江经济带发展的系统谋划。长江经济带覆盖沿江11个省市，经济总量占据全国"半壁江山"，是我国经济重心所在、活力所在。长江经济带生态地位突出，发展潜力巨大，是生态优先绿色发展主战场、畅通国内国际双循环主动脉、引领经济高质量发展主力军。党中央高度重视长江经济带发展，作出深入部署，形成了重要战略思想，为推动长江经济带发展指明了战略方向。2016年以来，习近平总书记分别在重庆、武汉和南京主持召开座谈会。2016年1月，习近平总书记在重庆主持召开推动长江经济带发展座谈会，将修复长江经济带生态环境摆在压倒性位置，共抓大保护，不搞大开发。2018年4月，习近平总书记在武汉主持召开深入推动长江经济带发展座谈会。2020年11月，习近平总书记在南京主持召开全面推动长江经济带发展座谈会。从推动、深入推动到全面推动，体现了久久为功的治国理政方略，对于推动高质量发展具有深远意义。

随后，李裴分享了推动长江经济带发展的三个绿色路径选择。一是坚持生态优先，绿色发展。关键是处理好绿水青山和金山银山的关系。要转变发展理念，改变发展路径。实现生态优先，绿色发展。面对不断变化的国内外经济环境，在长江经济带发展系列重要文件中，生态优先、绿色发展的基调始终没有变，这是推动长江经济带可持续发展的重要理念。二是坚持统筹协调，全域联动。从生态系统整体性和长江流域系统性出发，注重流域左右岸、上中下游与流域各组成要素之间的统筹协调。要坚持"全国一盘棋"思想，在全国发展大局中，明确自我发展定位，探索有利于推进畅通国内大循环的有效途径。长江经济带发展具有较强的社会性和系统性，要打破惯性思维和路径依赖，加强区域间的合作与联动，全力统筹、通力配合、合力推进。三是坚持一以贯之，久久为功。推动长江经济带发展要有"功成不必在我，功成必定有我"的精神，坚持"一张蓝图绘到底"，这既是一场攻坚战，更是一场持久战。这就要求我们坚定信心、咬定目标、苦干实干，奋力走出一条生态优先、绿色发展新路子，以长江经济带推动我国经济高质量发展。

最后，李裴介绍了立足绿色发展，协同推进长江经济带绿色生态高质量发展的贵州经验和贵州作为。首先，贵州地处长江上游，省内66%的面积属于长江流域，筑好长江上游重要生态屏障是贵州的使命所系、职责所在。贵州牢牢守好发展和生态两条底线，坚持"共抓大保护，不搞大开发"，实施大生态战略行动，建设国家生态文明试验区，协同推进深度融入长江经济带发展，努力走好生态优先、绿色发展新路子。贵州经济增速连续多年位居全国前三，经济总量在全国排位上升六位的同时，生态总体保持良好。

贵州将协同推进长江经济带发展作为重大政治任务。一是着力强化上游意识，主动担当上游责任，构建推进长江经济带发展的责任链条，以最严格的制度、最严厉的法治守好一江清水。协同推进流域经济合作，大力推动绿色发展。二是确保打赢污染防治攻坚战。把修复长江上游生态环境摆在压倒性位置，全面排查长江流域生态问题和安全隐患，贵州在多个方面下了很大功夫，实施环保十大污染源治理工程等专项行动，有力解决了突出的生态环境问题。三是持续加大生态系统保护力度。全方位、全地域、全过程加强山水林田湖草沙一体化保护修复，从系统工程和全局角度，推动长江流域生态的保护和修复。出台《绿色贵州建设三年行动计划（2015—2017年）》，实施新一轮退耕还林还草、石漠化综合治理、水土流失综合治理，有效提升了贵州生态系统的质量和稳定性。深入开展长江经济带生态保护专项行动和长江经济带饮用水水源地环境保护执法专项行动，推动了沿江生态环境的持续改善。四是大力发展绿色经济。发展生态利用型、循环高效型、低碳清洁型、环境治理型的"四型产业"，将绿色融入经济发展，着力构造以绿色发展为主题、绿色产业为主导、绿色企业为主体、绿色生活为主流的绿色发展新格局。贵州绿色经济占比从2016年的33%提高到2019年的42%。推进大数据与实体经济深度融合，持续转换新旧动能，推动传统产业转型升级。五是建立健全绿色发展体制机制。构建贵州特色的生态文明体系，完成国家生态文明试验区建设的33项重点任务，取得了生态损害赔偿、生态扶贫专项制度等19个"全国率先"的试验成果，形成了可复制、可推广的发展经验。六是厚植绿色文化氛围。贵州与瑞士等发达国家建立国际合作交流机制，搭建生态文明国际高端交流平台，向全球传递生态文明建设的中国声音；实施河湖长制，在全省形成"爱绿、尊绿、护绿"的良好氛围，大力广泛开展绿色创新活动，绿色文化普及和传播范围越来越广。"十四五"期间，贵州将贯彻新发展理念，在构建以国内大循环为主体、国内国际双循环相互促进的新发展格局中，找准自身角色和定位。

中国人民大学国家发展与战略研究院副院长许勤华教授在进行"生态文明与可持续发展议程"主题演讲时，首先介绍了生态文明与可持续发展议程之间的联系。可持续发展议程，即《2030年可持续发展议程》，是联合国提出的重要议程，当前正面临一些挑战。在全球环境治理与可持续发展进程中，国际社会为化解全球性问题做了大量努力，但实际效果并不明显，根源之一在于全球绿色理念、绿色平台与绿色公共产品供给存在不适应、不协调的问题。因此，需要从更宏大的视野重新认识人与自然、环境与发展、发达国家与发展中国家之间的关系。生态文明是人类遵循人、自然、社会和谐发展的客观规律而取得的物质与精神成果的总和。生态文明的形成丰富和发展了全球可持续发展理念，体现了中国独树一帜的理念。只有在共同的责任、利益和命运背景下，在追求本国利益时兼顾他国合理关切，在谋求本国发展中促进各国共同发展，以可持续和高质量发展为导向，才能构建一套符合时代发展需求的生态理念及绿色公共产品。许勤华教授还从核心价值、主要内涵、主要贡献和主要问题四个层面分析了生态文明与可持续发展议程的对接基础。

随后，许勤华教授分析了生态文明与可持续发展议程协同共进的机遇。生态文明建设与落实可持续发展议程在主体上有直接关系，集中体现了国家的核心角色。主权国家是全球环境治理体系的主体，但目前发达国家主导的理念未能满足广大发展中国家的诉求和现状，这种情况在新冠疫情（以下简称疫情）形态下更为突出。可持续发展议程确立过程应由发展中国家与发达国家等共同参与。生态文明秉持了相互尊重和平等对话的基本要求，确定了中国可持续发展的路径，并且为全球提供范例。

最后，许勤华教授阐释了生态文明与可持续发展议程对接的实践路径。想要于2030年形成"三位一体"的目标与体系，碳中和与碳循环是最重要的主线。此外，实践路径还包括绿色发展、绿色循环经济、绿色经济复苏等。发达国家为发展中国家提供支持，发展中国家也要着眼未来。"一带一路"倡议对联合国可持续发展议程的落实意义重大，若将其排除在外则无法完成相关目标。

四川大学经济学院邓玲教授首先分享了自己对长江经济带生态文明建设的研究成果。邓玲教授曾系统地研究贵州生态文明建设及其取得的成就，并著有《我国生态文明发展战略及其区域实现研究》一书。在书中，邓玲教授分析了生态文明和可持续发展的关系。国际上已有可持续发展战略，为什么还要提出生态文明建设？邓玲教授在书的序言中着重解释了这一问题：生态文明是中国的创举，是对可持续发展的超越，是人类文明与自然文明和谐发展的地球文明。邓玲教授指出生态文明建设中需要做到"四化"：自然化人、人化自然、人化人、自然化自然。邓玲教授还提出自然人、社会人、经济人概念，对传统的经济人概念进行了批评。人类当今对自然的破坏要从人性这个角度考虑，并倡导推进绿色人生活动。

随后，邓玲教授分享了她关于长江经济带研究的其他成果。邓玲教授完成了国家社科基金重大项目"城市生态文明系统创新"，提出要发展中国特色绿色创新经济，并在四川推进绿色创新经济。此外，邓玲教授还完成与长江经济带相关的3个课题，分别为长江上游生态屏障、长江经济带与生态屏障共建、长江经济带系列研究。目前，邓玲教授正在推进中国特色绿色创新经济的理论落实，在成都工业学院的支持下，成立了绿色创新工业研究院。

最后，邓玲教授详细介绍了她当前的研究和实践活动。邓玲教授目前主要研究绿色创新经济，即绿色发展和创新发展在要素层面、结构层面、功能层面和运行机制层面进行深度融合；并在四川多县市推进公民义务授课和知识更新，把绿色发展通过公民义务授课进行普及。绿色发展应该从政府层面落实到基层，落实到每个人，应该多做人的工作。

宜宾学院经济与工商管理学部部长杨波教授就生态文明建设分享了自己学习的心得体会。首先，杨波教授指出，生态文明是总结我国改革开放四十余年经济增长得失所形成的重要经验，也是未来发展的重要模式。其次，杨波教授指出，生态文明建设需要做好的三个协调：一是生态与发展的协调。在实际工作中，尤其在具体的地区存在生态和发展不协调的突出问题。二是长江经济带上中下游的协调。上中下游发展路径的协调尤其重要。三是产业转移与产业升级之间的协调。西部地区承接了大量产业转移，但很快会面临产业升级的问题。最后，杨波教授分析了实现生态文明建设的四个要点：一是要加强生态文明的法治建设。在落地工作中，要依法办事，加强生态文明建设。二是需要做好"人"的工作，加强绿色发展的宣传教育。很多基层工作者对于生态文明不一定有深刻的认识，在发展的过程中不能统一思想。三是要探索生态价值的实现机制，如生态价值的资本化。四是要实现绿色与创新的协调发展。当前的绿色发展是建立在以创新为主导的产业发展模型的基础之上，所以绿色和创新并不矛盾。只有把产业创新做好，绿色发展才能真正实现。

中国人民大学经济学院教授、海南省委政策研究室副主任（挂职）罗来军就长江经济带绿色发展的方式和思路进行分享。罗来军教授指出，长江经济带拥有较好的绿色资源和绿色禀赋，但又面临着较为严重的问题和挑战，因此关于长江经济带绿色发展模式的探讨具有重要意义。为了更好地应对绿色发展面临的问题和挑战，需要采取新的方式和思路。罗来军教授认为，可从三次产业的角度进行思路开拓，其概括为"三产模式"：生态农业、绿色工业和清洁服务业。生态农业方面，要推动农业发展与生态环境保护实现协调发展（如四川宜宾的蜀南竹海，竹子的科学种植既促进了生态水平的提升，也为竹产业链条的延伸提供了更多优质的原材料）。绿色工业方面，需要对传统产业进行转型升级，以及推动工业重新布局等。清洁服务业方面，发挥第三产业服务业的无污染优势，积极发展现代服务业。

中国人民大学财政金融学院应用金融系副主任郭彪副教授就长江经济带绿色发展面临的难点、政府文件及评价指标体系进行了分享。首先，郭彪副教授指出当前长江经济带绿色发展面临六个难点：水生态环境恶化趋势目前仍比较严峻、产业结构亟须调整、协同发展机制不够健全、沿江港口岸线的有序开发、法律法规制度体系有待完善及绿色政绩考核体系乏力。随后，郭彪副教授介绍了2021年2月2日发布的《国务院关于加快建立健全绿色低碳循环发展经济体系的指导意见》（以下简称《指导意见》），其中提到8个"绿色"，从不同角度全面衡量绿色发展状况并对地方政府进行考核，包括绿色规划、绿色设计、绿色投资、绿色建设、绿色生产、绿色流通、绿色生活和绿色消费。《指导意见》还指出，到2025年，产业结构、能源结构、运输结构要明显优化，基础设施绿色化水平不断提高；到2035年，绿色发展内生动力显著增强，绿色产业规模迈上新台阶，重点行业、重点产品能源资源利用效率达到国际先进水平。实现健全生态体系可以从以下维度着手：推进工业绿色升级，加快农业绿色发展，提高服务业绿色发展水平，壮大绿色环保产业，提升产业园区和产业集群循环化水平，构建绿色供应链等。最后，郭彪副教授介绍了可以衡量地方绿色经济发展情况的绿色指数的8个维度：绿色金融、绿色资源利用、环境治理维度、环境质量维度、生态保护、增长质量、绿色生活、公众满意程度，这8个维度可以为绿色指数普及和跨区比较提供方案。

重庆科技学院唐龙教授从目标、难题和路径三个方面分享了对长江经济带绿色发展的看法。唐龙教授以重庆为例，谈到"十四五"期间绿色发展的重要目标是促进人与自然和谐共生的现代化发展和落实习近平总书记对重庆"在长江经济带绿色发展中发挥重要示范作用"的重要定位。实现此目标面临四个最主要的难题：一是向绿色发展转型的协调机制在执行环节因不同经济主体利益博弈和"搭便车"的动机强烈而显得不够坚决与高效；二是无论是对于自然环境资源生产力的核算还是对环境破坏的评价，都缺乏完善的资源环境要素市场价格形成机制和精准的环境保护影响评价办法，出现资源配置扭曲和环境政策增长效应误判的事例并不鲜见；三是缺乏建立与自然环境和谐共处的包容性经济增长所需的、由足够的科技成果所支撑的持续创新驱动，绿色技术创新的效益释放仍存在不确定性与不稳定性；四是国家治理体系和治理能力现代化跟不上产业结构体系向绿色发展转型的要求。针对这些问题，唐龙教授从四个方面提出了解决路径：一是夯实环境质量底线，主要措施包括进一步摸清"山水林田湖草沙"自然生态系统的基本资源资产底数，在划分好生态空间的前提下严格空间管控和优化国土空间利用；推进自然资源资产产权的界定和市场化交易。二是转变发展方式，以"绿色"为本地追求高质量发展和高品质生活；围绕"产业生态化和生态产业化"主线推动向绿色生产转型，产业生态化重点抓好绿色基础设施（新能源、新材料、新工艺）、绿色制造（绿色产品、绿色工厂、绿色园区、绿色供应链）和绿色生产方式（能效提升、清洁生产、循环经济）；生态产业化重点抓好环保产业的培育和发展；以绿色文化培育和消费习惯转变促进公众形成社会绿色生活方式，包括转变饮食结构、坚持绿色出行、扩大绿色消费等方面，使之成为公众追求高品质生活的重要内容。三是在方式方法上，要加强规划统筹和引领，注重法律、政策与措施的协同效应发挥；保持开放创新的思维和工作方法。四是在夯实支持性制度建设的基础上，发挥大数据等先进技术手段在环境污染监控、环境质量管理等方面的作用；注重制度体系的优化；夯实绿色金融对实现经济发展转型的支持作用。

中国人民大学长江经济带研究院院长涂永红教授从绿色金融、绿色投资、绿色产业链等方面分享了自己的四点思考。一是在"双循环"新发展格局下，以供给侧结构性改革为抓手，构筑绿色产业链。应摒弃过去的掠夺式、粗放式发展，在产业链重构特别是重大项目投资方面，将生态优先、绿色发展放在重要核心位置，夯实绿色发展的生产基础。二是促进长江经济带上中下游协同联动发展，在绿色基础设施、绿色生产、绿色消费等多个领域加强协作，完善绿色产业共建机制。发挥三大城市群的"领头羊"、增长极作用，推动长江三角洲、长江中游和成渝三大城市群龙头企业跨地域并购，提高绿色产业规模和核心企业竞争力，以企业集团模式发展壮大绿色产业链。三是大力推动长江经济带高水平对外开放，构筑国内国际双循环相互促进、相互衔接的关键绿色产业平台。长江经济带要抓住签署《区域全面经济伙伴关系协定》（RCEP）和《中欧全面投资协定》（CAI）的机遇，在构筑绿色产业链进程中加大与东盟、欧盟之间的贸易投资合作。充分发挥我国在数字经济、数字贸易等新业态、新模式方面的优势，将绿色产品和绿色标准推向国际，争取在国际绿色发展和产业链重构中拥有更大话语权、占据更有利的地位。四是构建长江经济带全流域绿色项目信息共享平台。通过体制机制创新，打破信息孤岛，运用大数据、人工智能等新兴技术，整合分散在多个部门的信息，建立全流域区县两级绿色项目库，创设绿色金融大数据综合服务系统，为机构投资者开展绿色金融业务提供便利，从而提高绿色金融的规模和效率。

成都理工大学商学院黄寰教授提出了绿色发展的三个重点。一是提高长江经济带生态治理水平，保障长江流域的生态安全。创新生态保护的协调机制，统筹规划，适时启动污染的联防、联控、联治以及应急机制，进一步深化和完善长江经济带的治理安排，通过合理管控水资源的开发利用来提高管理效率，并探索重点流域的生态治理试点。二是要重视清洁能源的使用。清洁能源的开发是进一步优化和改造长江经济带能源结构，推动绿色发展和绿色生活的重要路径。可以从使用清洁能源出发，探索绿色发展的机制，将清洁能源的使用与碳中和目标结合起来，按照相关配额等制度，统筹水电的消纳。三是要坚持与绿色创新相结合，长期跟踪研究此议题有利于为长江经济带绿色发展进一步建言献策。

贵州财经大学大数据应用与经济学院院长杨杨教授围绕贵州如何加快建设内陆开放型经济新高地，融入长江经济带高质量发展进行了发言。杨杨教授指出，长江经济带覆盖11个省市，贵州是上游地区唯一的国家生态文明试验区，也是"西南大十字"的内陆开放型经济试验区，能够依托与东盟国家毗邻的区位优势，打造内陆开放型经济新高地。近年来，贵州通道建设成效显著，但是受大环境影响，贵州外资发展承压较大。在接下来的发展路径选择中，贵州可以以四大通道建设为突破口：首先，需要提升物流通道。北上融入丝绸之路经济带，南下接入国际陆海贸易新通道并连接海上丝绸之路。更好衔接西部区域、泛珠三角区域等，通过陆港型的方式打造现代物流中心。其次，应当畅通贸易通道。贵州与东盟国家间进行货物贸易、服务贸易、知识经济交流、数字经济交流等方面都具有区位优势与产业优势，可以通过吸引投资、扩大开放促进地方经济高质量发展。再次，继续优化投融资通道。为贵州企业"走出去"投资建立全方位的立体金融支持体系。特别是加强信贷资金、投资担保、进出口信用保险、私募基金等金融支持力度，进一步降低融资成本，重点推动跨境金融服务的便利化。最后，要加强数字通道建设。借助贵州·中国南方数据中心示范基地、贵阳·贵安国际互联网数据专用通道等平台，建设全国一流的大数据开发基地，以及数据流通交易市场，提升数字化治理能力，推动贵州经济高质量发展转型，打造"中国数谷"。

贵州大学公共管理学院陈长教授从宏观、中观和微观三个层面分享了自己关于长江经济带高质量协同发展的思路。宏观层面，长江经济带11个省市应该在绿色产业方向有区域间的联动协同，推动上、中、下游协同联动发展，强化生态环境、基础设施、公共服务的共建共享，引导下游地区资金、技术发展，加快产业基础的现代化。从省域间协同来说，应缩小地区间差异，在经济协同的同时，推动区域公共服务均等化，并完善跨区域之间的生态补偿机制。中观层面，要建立产业生态化和生态产业化的经济体系。通过推动国家生态文明试验区的协同促进省域和跨省域的高质量发展。微观层面，需要政府、企业组织和公众之间的协同，以新发展理念为指引，坚持价值导向。以"人的绿色化"为基础，从公共管理学的角度打造行政命令和社会动员相结合的系统。绿色文化和长江文化的深入融合，融入民心，则可以成为经济绿色增长的内生动力。

贵州财经大学绿色发展战略研究院副院长杨春宇教授从长江经济带绿色创新发展指数的定位、功能及作用三个方面出发，谈了自己的心得。杨春宇教授认为：一个主体，是长江经济带绿色高质量发展的内涵、机理和路径。一个探索，要有别于发达国家，不同于其他发展中国家。一个抓手，是新绿色产业与绿色创新指数，应该具备全球视野，基于发展中国家的现状去探索，突出中国特色。然后形成一套理论与实践相结合的哲学范式，做到理论有创新、实践出真知，争取为世界提供模范样本。

研讨结束后，中国人民大学长江经济带研究院院长涂永红教授就建立长江经济带绿色创新发展联盟向与会嘉宾发出邀请，希望高校和智库团结起来，共同搭建平台，定期召开研讨会，围绕绿色发展、创新发展、生态文明建设等主题开展研讨，以期获得更多成果，取得理论突破和实践创新。

第2期长江经济带思想沙龙圆满落幕，会议取得了良好成效，与会者受益匪浅、收获颇丰。长江经济带思想沙龙活动旨在碰撞思想火花，汇聚精英睿智，搭建高水平、专业化和开放式的学术交流平台，推动政、产、学、研各界专家研究协作，增进长江智库跨界合作。重点围绕基础理论、热点问题开展深入讨论和前瞻性研究，为学科建设、长江经济带和地方高质量发展贡献智慧和力量。

长江经济带思想沙龙

（第 3 期）

地方金融发展与监管

　　2021年3月29日，长江经济带思想沙龙（第3期）在宜宾三江新区举行。本次会议由宜宾市金融工作局与中国人民大学长江经济带研究院联合主办，主题为"地方金融发展与监管"。会议特邀全国人大代表、财经委委员，中国人民大学财政金融学院院长庄毓敏教授做主题演讲。会上，中国人民大学财政金融学院何青教授、郭彪副教授、罗煜副教授分别就宜宾金融发展与监管有关问题进行了交流分享。会议由中国人民大学长江经济带研究院院长涂永红教授主持。

　　宜宾市金融工作局党组书记、局长王茜，宜宾银保监分局副局长谢兵，中国人民银行宜宾市中心支行副行长曾好，宜宾市金融工作局党组成员、副局长姚瑜琳，宜宾市商业银行党委副书记、董事长薛峰，宜宾三江投资建设集团总经理、四川长江民营经济融资担保有限公司董事长梁鹏，四川三江汇海融资租赁有限公司总经理岳育洁等嘉宾围绕沙龙主题和主题演讲内容进行了充分研讨。

　　全国人大代表、财经委委员，中国人民大学财政金融学院院长庄毓敏教授在主题演讲中，结合国家"十四五"规划，提出宜宾金融发展可以聚焦以下五个方面。

　　一是征信体系建设。现代金融体系建设的核心是征信体系的完善。从腾讯、阿里等一批金融科技公司的尝试可以看出，它们最大的竞争优势在于征信，它们掌握了大量的信息，实现了对征信相对精准的把握。如果地方经济没有完善的征信体系支撑很难发展，征信体系应该作为地方金融发展的基础设施去建设。对于地方政府而言，应该建设一个信息共享平台，实现政府、企业、征信公司的信息共享。我们国家有实现信息共享的条件，从而支撑经济和金融的发展。

二是金融生态体系建设。宜宾目前金融生态尚不完善，而支撑地方经济发展需要构建完整的金融生态，包括金融机构、市场、中介服务等多元要素。如果仅依靠银行，其提供的产品有限，既无法满足企业各类创新需求，更难以推动经济转型，所以构建完整的金融生态体系势在必行。如何构建这一体系呢？关键在于开放。做不了的事情就引进。政府要有所作为，做好整体规划，有针对性地引入各种金融生态要素，这样才能形成完整的金融生态链，提供更完整的服务。同时，监管也要同步跟进。

三是绿色金融服务体系建设。宜宾位于长江上游，是"万里长江第一城"。宜宾在长江经济带上担当的责任是绿色发展、环境保护。在金融方面，有很多创新可以尝试，地方金融机构可以率先尝试绿色金融服务体系建设。这就需要先设立指标体系、监测体系，未来还要逐步完善。在金融方面也可以先行先试，未来建设绿色金融创新试验区等都有可能。宜宾处于长江经济带上游的位置，发展绿色经济就要发展绿色产业，而发展绿色产业就要靠绿色金融，所以绿色金融体系的建设很重要。

四是科技金融服务体系建设。国家未来的经济发展是高质量发展，需要以科技创新引领，建设科技金融服务体系。科技金融服务体系要包含多样的金融服务，树立这方面的意识很重要。

五是供应链金融建设。供应链金融的核心问题有三个：其一是要有核心企业，有了核心企业才能做供应链金融，它的方式是围绕核心企业做大做好；其二是要实现技术运用，要有区块链技术做支撑；其三是要有信息，建立信息平台，实现资金流、物流、信息流的汇集，"三流"汇集才能安全建立供应链金融。

中国人民大学财政金融学院何青教授做了题为"宜宾金融创新路径研究——基于天府金融指数的分析"的主题演讲，主要内容包括以下五个方面。

第一，天府金融指数概况。2020年天府金融指数评价体系包含1个总指数、2个分指数和8个子指数，主要评价全国35个中心城市2019年的金融发展情况。在评价体系中，指数充分兼顾传统金融模式和新兴金融业态的不同特征。其中，传统金融分指数由金融市场、金融机构、从业环境和人力资源4个子指数构成，反映各个中心城市的传统金融发展动态。新兴金融分指数由科技金融、绿色金融、文化金融和农村金融4个子指数构成，充分展现中心城市新兴金融业态的发展情况。在2020年天府金融指数评价体系中，各中心城市的总指数得分较为稳定，其中，前十位城市中只有天津和武汉发生了位次调换，这表明各中心城市较好地保持了相对优势。从总指数得分增长率来看，35个中心城市的平均增速为3.4%，其中前十位城市的平均增速为2.3%，这表明我国经济金融体系发展稳中有进。主要中心城市传统金融分指数的排名较为稳定，较好地保持了各自的相对优势。在新兴金融领域有较大发展潜力。宁波、合肥、南宁和西宁后发力量强劲，传统金融分指数得分增长率超过10%。济南、厦门、大连和西宁发挥优势、补齐短板，新兴金融分指数得分进步明显。

第二，金融发展先进经验借鉴。从金融市场发展经验来看，上海的做法主要有以下几方面：抓住机遇探索创新，增设自贸试验区临港新片区，全力实施长三角一体化发展国家战略，积极探索金融创新，在临港新片区采取多种举措；科技金融高度融合，打造数字金融高地，试点"监管沙箱"，上海积极鼓励金融服务运用人工智能、区块链、云计算等技术，提升金融服务实体经济、服务投资者和管理风险的能力；扩大对外开放，推出"沪港通""债券通""沪伦通"等机制。青岛的做法主要有以下几方面：推动企业上市，青岛资本市场采取"上市一批、申报一批、培育一批、储备一批"的梯次格局，并且仍然在不断升级优化；改革功能区体制机制，青岛金家岭金融聚集区的改革创新，抓牢抓实金融区域内的优势产业，深度融入城市发展大势。北京的做法主要有以下几个方面：提高金融生态，优化金融布局，共同探索商业银行与互联网企业的协同发展新模式；扩大对外开放程度，十余家国际重要金融机构落户北京，放宽外资金融机构市场准入、拓展外资机构业务范围、探索资本项目对外开放、扩大金融市场对外开放。武汉的做法主要有设立东湖科技保险创新示范区、建立"汉融通"平台。从营商环境发展经验来看，上海的做法主要包括以下内容：政策优惠，"一体两翼"小微企业政策性融资担保机制；加大改革与规范力度，加快推进金融法治建设，加快建成与国际接轨的金融规则体系，完善各类金融人才政策，加快建设国际化金融人才集聚高地；建设研究平台，定期发布和出版《优化营商环境工作白皮书》。深圳的做法主要包括以下内容：致力于优化政务服务流程，"一对一"全链条精准服务；提供有力法治保障；把握市场化方向，政府设立"深圳市天使投资引导基金"。从人力资源发展经验来看，宁波通过聚集优质顶尖人才、加大补助补贴政策力度来发展金融。从科技金融发展经验来看，成都打造首个新经济基金加速器集群——天府基金加速器，加强科技金融服务产品创新，成立了成都市科技金融协会。从绿色金融发展经验来看，重庆积极推动建设绿色金融改革创新试验区，自主研发"长江绿融通"绿色金融大数据综合服务系统；设立碳排放权交易中心、排污权交易管理中心以及林权交易所，环境权益交易市场日趋成形，丰富绿色金融产品服务。从文化金融发展经验来看，昆明将文化产业与金融资本相对接。从农村金融发展经验来看，成都创新建设了农村金融服务平台——"农贷通"，探索农村金融发展新机制。

第三，金融协同发展模式。例如，上海＋杭州的"双核驱动、优势互补"、北京＋天津的"北京引领、错位发展"、广州＋深圳的"深圳先行、双核驱动"、成都＋重庆的"共同建设、错位发展"等"双城"金融协同发展模式。

第四，宜宾金融的发展概况。为了将宜宾的金融发展情况与其他城市相比较，在8个子指数中各选取1个指标，使宜宾与其他目标城市之间具有可比性。金融市场方面，2019年宜宾存贷款总额5353.48亿元。金融机构方面，2019年四川银行业金融机构数量为229家。从业环境方面，2019年宜宾市区年末实有出租汽车1450辆。人力资源方面，2019年宜宾市区年末金融行业从业人员20853人，与天府金融指数目标城市乌鲁木齐接近。科技金融方面，2019年四川研究与试验发展（R&D）人员254281人。绿色金融方面，2019年宜宾污水处理厂集中处理率为89.67%，接近天府金融指数目标城市天津。文化金融方面，宜宾4A、5A级景区数量11个，与天府金融指数目标城市呼和浩特、南昌、乌鲁木齐接近。农村金融方面，2019年四川农村居民个人固定资产投资完成额为678.8元，排名较为靠前。

第五，宜宾发展中的问题和路径选择。①对于宜宾如何以综合保税区（以下简称综保区）为载体，打造南向开放金融创新示范区的建议。一是可以探索新的金融发展模式。综保区是我国目前开放层次最高、优惠政策最多、功能最齐全、手续最简化的海关特殊监管区域。设立综保区将为宜宾引进大量的中外企业，宜宾应当充分利用综保区的政策优势，在政府支持下，探索金融促进企业发展的新模式，以及在金融产品和金融服务方面的创新。二是要保证金融机构建设配套，服务综保区发展。在综保区的建设与发展过程中，要保证金融机构建设配套，避免金融机构缺位，为企业提供便利的金融服务，为综保区的发展提供有力的金融支持。三是需要探索新型融资渠道。宜宾综保区建设尚在起步阶段，无论是综保区的建设还是产业发展，都需要大量的资金支持。在建设起配套的资本市场的基础上，充分利用外资等多种融资渠道，筹集所需要的资金。

②关于综保区的跨境金融的发展，可以从三方面着手：一是加强金融人才引进。目前宜宾的金融发展仍缺乏专业的金融人才，要发展综保区的跨境金融，相应的金融人才必不可少，包括金融分析和金融

监管等方面的人才。在留住人才的前提下，发挥其专业优势，助力综保区发展跨境金融。二是深化金融产品和服务方式创新，做好外汇管理与跨境人民币服务。综保区金融机构应该根据实际情况做好金融创新工作，积极拓宽多元化融资渠道。支持符合条件的地方金融机构开展结售汇等跨境人民币服务，做好外汇管理工作，推动综保区内人民币跨境业务发展。三是提升支付结算便利性，帮助综保区内企业发展。综保区内的企业普遍开展大量的跨境业务，综保区内银行业金融机构应当提高支付结算的便利性，实现资金更便利地跨境流动，以更好地帮助企业开展业务。

③助力打造南向开放金融创新示范区，需要重视创新。一是需要在综保区内重点加强金融创新工作。综保区作为宜宾对外开放的重要窗口，有着独特的定位和政策优势，并且综保区尚处于建设发展阶段，区内的金融服务建设尤为重要。二是需要银行业机构以产品为抓手积极创新跨境金融业务。综保区内跨境金融业务的开展对于综保区的发展至关重要，因此，区内银行业机构要积极创新跨境金融业务，为区内企业跨境业务开展助力。三是需要资本市场融资渠道创新。因此，要加强区内资本市场建设，注重融资渠道创新。

④助力三江新区打造南向开放合作先行区，宜宾需要与省内、省外、境外开展合作。一是利用好综保区、宜宾港等重要开放平台。综保区等开放平台将有效促进宜宾深度融入"一带一路"建设和长江经济带发展，并增添产业发展"双轮驱动"战略动力，助推三江新区打造南向开放合作先行区。二是加强南向开放通道建设。以金融产品和交易便利为抓手，以宜宾港为节点，将"丝绸之路经济带"连接起来，对接中国—中南半岛、中巴以及孟中印缅等经济走廊，加强同主要贸易伙伴国的经贸往来，推进宜宾的南向对外开放。三是重视人才培养与引进。三江新区的发展需要专业的人才，要加强外来人才的引进。同时，注重对三江新区内高端技术工人的职业教育，为三江新区的发展提供充足的人才储备。四是成渝引领，错位发展。促进和融入成渝

金融市场，承接成渝地区双城经济圈发展的高端制造业。

⑤支持三江新区打造南向开放合作先行区，在产业发展上要重视以下几个方面。一是大力发展高端高新产业。目前三江新区内的制造业仍然以智能终端产品的加工等为主，侧重于低附加值产业，三江新区要大力发展高端高新产业，深度融入全球产业链、创新链、价值链，培育新动能，加快形成一批现代产业集群，建设具有国际竞争力的现代产业集聚区。二是加快产业结构转型升级。在注重对制造业的改造升级的同时，也要加强对三江新区产业结构的调整和升级。相比于农业，服务业和制造业能够创造更高的经济效益，产业发展也要注重产业结构升级。三是注重人才引进与培养。宜宾大学城的建立将对三江新区内的产业发展起重要作用。在加快引进外来高新技术的同时，加强对区内与之相配套的人才梯队的建设必不可少。应该通过引进外来人才和加强对区内高端技术工人的职业教育，培养服务三江新区建设的人才队伍。四是注重创新引领发展。三江新区要坚持创新引领发展的思路，激发新区建设的创新活力，更好地利用宜宾的优越条件，促进产业发展。

⑥需要注意相关风险防控及监管重点。一是相关法规建设。宜宾正处于高速发展阶段，有着三江新区、综保区等多方面的优越条件，在高速发展的同时，也要充分认识到法规体系建设的不完善可能带来的风险。尤其是金融发展中的市场建设等高风险领域，对相关法规体系和监管的要求更高。二是市场基础薄弱，金融缺乏坚实基础。宜宾自身金融基础较为薄弱，加之三江新区和综保区尚处于建设阶段，在这样的现实条件下，金融与市场相互支持的难度加大，如何协调好二者的关系，是监管的重点。三是对项目质量的监管。目前三江新区和综保区的建设企业多处于起步阶段，市场体系尚未完善，在很大程度上依赖于银行信贷。项目质量将对企业获取银行信贷具有重大影响，进而影响区域发展进程。

中国人民大学财政金融学院郭彪副教授做了题为"金融支持地方

实体经济模式探讨"的主题演讲。总体而言，轻资产企业具有固定资产所占比重偏低、财务抗风险能力较弱、经营绩效难监督、发展前景不明晰等特性，面临融资难、融资贵的困境。造成困境主要有两方面原因。一是金融制度、政策原因：多层次资本市场体系不健全；征信体制不完善、抵押担保制度落实困难等。二是企业自身原因：信息不透明、财务制度不健全、信用不够、资产不足等。对于上述困境，郭彪副教授从金融如何更好支持地方实体经济入手，谈及以下四个方面。

第一，要发展完善多层次资本市场。一是要发挥多层次资本市场的功能，资本市场在企业生命周期各个阶段发挥不同作用，多层次资本市场能满足不同企业投融资需求。二是要通过分层次的市场体系满足多样化市场主体的资金需求，利用好主板市场、二板市场、三板市场，以及新三板市场、四板市场（区域性股权交易市场）等场外股权融资工具和企业债券这样的债券融资工具。因为债券融资具有规模大、成本低、期限长的优势，可加强创新融资模式，比如资产证券化，包括信贷资产证券化和企业资产证券化。资产证券化业务的基础资产可以是单项财产或财产权利，也可以是多项财产或财产权利构成的资产组合，如水电气资产、路桥收费和基础设施、工业物业的租赁、商业物业的租赁、企业大型设备租赁、大额应收账款、金融资产租赁、小额贷款、景区门票收入等。对于贸易型企业的创新融资可以考虑各类与应收应付款相关的贸易融资业务；对于供应链上下游企业的创新融资可以依托其供应链核心企业信用，加强供应链融资，如人保财险出资试点开展贷款保证保险，财政部按照新增额的1.5%给予风险补偿，获得银行资产支持；还有商业信用票据化等。知识产权企业可以通过收益权融资来进行创新。三是地方政府要利用资本市场支持企业发展。一方面要促进股权融资，地方政府通过奖励和补贴等政策鼓励企业上市融资，同时设立"上市办""绿色通道"，辅助企业改制和上市。另一方面推动债券融资，地方政府通过建立融资平台、设立政策性担保公司等方式间接或者直接以自身的信誉帮助企业进行债券融资。同时还要加强创新融资模式，通过资产支持证券（ABS）等金融工具，地方政府帮助企业能较为容易获得资本市场的资金支持，同时降低企业投资风险。比如"晋江模式"，地方政府全面支持企业利用资本市场融资和发展，出台更多优惠政策，使晋江的多家公司成功登陆多个国内外证券市场。

第二，要培育多层次银行市场。通过依托创投、天使、私募股权基金，以及投资联动合作（贷款+股权）等方式加强与风投机构合作。加强与政府部门的合作，可以设立政府产业基金（贴息+授信），通过设立或购买服务等形式引入第三方轻资产企业估值机构进行合作（筛选优质企业），银行和政府共同设立贷款平台、风险补偿金（政府出资+一定比例助保金）等。加强与行业协会及保险公司合作，减少信息不对称，成立专业担保公司+互保金（科技保证保险）。

第三，大力推广普惠金融。互联网金融大数据分析可以解决信息不对称的问题，通过金融科技、差异化融资，可以提升线上金融服务效率。总结当前金融机构"非接触式"金融服务经验，拓展线上业务，推动金融服务数字化转型。建立信息共享平台，打通政府、金融机构与企业之间的信息通道，解决金融机构与企业之间的信息不对称问题，提高贷款可获得性。

第四，政府充分发挥监督和桥梁作用。加强财政金融政策支持，如财税政策引导、形成"轻资产企业名录库"、贴息优惠、建设高新园区、引导机构开发智能制造等金融产品和服务。转变商业银行经营服务模式，多元化培育支持，引入"政府+企业+担保公司+保险+风投机构"模式。完善市场配套设施建设，加强征信建设、大数据中心建设，完善中介市场发展、无形资产流通转让等。完善征信体系，规范发展区域性股权交易市场，支持股权质押融资。完善担保体系建设，政府建立产业引导基金，支持保险资金参与轻资产企业融资，完善知识产权估值。发展完善资产证券化市场等创新融资模式。

中国人民大学财政金融学院罗煜副教授重点解答了宜宾金融发展面临的一些问题。

第一，关于宜宾综合保税区如何创新。罗煜副教授强调了宜宾战略位置的重要性。宜宾在成渝地区双城经济圈、南向开放中扮演着重要角色，宜宾将主动服务和融入国家重大战略全局。宜宾处于两条重要轨道交通线的节点上：一是中缅西线铁路，可以通过宜宾连通长江；二是21世纪海上丝绸之路也会经过宜宾。具体到综保区的创新措施，相对于西部地区而言，从金融上创新其实并不容易，但可以参考东部地区的保税区，比如洋口港保税物流中心。具体措施有以下几方面：①区内外商直接投资企业资本金等直接投资活动相关的资金在自由贸易账户内不设专户管理，可自由兑换、自由使用；②银行为区内跨国企业集团办理基于自由贸易账户的全功能型资金池业务，满足企业资金调剂需求；③试点开展境内贸易融资资产跨境转让业务；④对于引进的人才，提供定点的自由贸易账户可兑换服务。

第二，关于小微企业融资难问题应该如何破解。小微企业经营困难、生命周期短、融资难是正常现象，这些与银行无法满足所有融资需求有很大关系。具体措施有以下几方面：①银行需要转变观念，获取更多信息，通过技术创新，发展金融科技，促进普惠金融，从根本上解决信息不对称问题；②小微企业不仅要转变观念，主动向金融机构提供真实的信息，增进与银行的沟通，还要注重提升自身质量，才能更好融资；③政府要做好大数据分析、基础设施建设工作，将相关部门集中起来进行金融分析，扩大路径选择。

第三，关于中小型白酒企业、纺织企业融资方式创新问题。可以通过存货、产权进行抵押从而获取融资，但难点在于如何估价。因此，重点在于银行需要了解企业过去的物流等信息及相关数据。

第四，关于智能终端企业融资问题。要精准梳理产业链上下游关系，锁定终端企业的收入来源，运用区块链技术降低供应链融资风险。

第五，关于产融结合方面。产融结合更多体现在多层次资本市场，如风险投资、私募股权、产权资金等，当前环境下的产业金融有很多限制。互联网平台的金融活动，就是把生产和融资结合起来，比如网商银行。不能仅依靠传统思维，而是需要改变方向，让资本市场来完成。

第六，关于如何体现政府在担保中的作用问题。银行无法完全承担担保风险，政府也不能干预太多。因此可以考虑保险给小企业提供基本担保，同时补偿商业银行服务这类企业的风险，其他让市场决定。如果政府干预太多，承担风险太大，会使自身陷入债务信任危机。

宜宾三江投资建设集团总经理、四川长江民营经济融资担保有限公司董事长梁鹂首先介绍了四川长江民营经济融资担保有限公司的担保情况。公司主要为小微企业提供担保，扶小扶微是其主营业务。公司从四个方面探索做大做强担保平台：一是建立政策整合平台，设立创业专项资金；二是建立综合服务平台，为中小微企业提供生产、融资、财务方面服务；三是建立实体经济征信平台；四是打造科技赋能平台。但在实际工作开展过程中公司遇到了双重挑战：一是业务拓张与担保模式创新；二是风险防控体系建设。

宜宾市商业银行党委副书记、董事长薛峰介绍了宜宾市商业银行助力经济发展将要采取的措施：第一，围绕长江首城，发展绿色金融，支持清洁能源建设；第二，聚焦产业发展，双轮驱动；第三，打造供应链金融，加大科技投入；第四，助力乡村振兴，预计2025年投放200亿元支持城乡经济发展；第五，融入"双循环"新发展格局，重视教育、旅游产业；第六，服务外贸企业，创新金融产品等；第七，在三江新区建设区域金融中心。

今后，宜宾市商业银行将继续丰富金融业态，发起股东参与；努力做强做大，形成头雁效应，带动银行业发展；开展金融人才培训建设，形成上派下挂、双向互派、研讨交流的平台。

四川三江汇海融资租赁有限公司总经理岳育洁首先介绍了四川三

江汇海融资租赁有限公司。公司的成立完善了地方金融体系，公司定位是立足宜宾，服务宜宾产业。在基础设施建设方面，支持水土、天然气、电网、园区厂房建设；在传统产业、新兴产业方面，支持造纸、智能产业、交通发展；在医疗教育方面，帮助医院、大学城完善医疗教育设备等。岳经理接着介绍了公司下一步将继续利用好杠杆，发挥招商引资作用，支持宜宾发展；将信用优势转化为资金优势，支持成渝双城建设；与传统银行、保险差异化经营，做好补位功能，计划与银行、保险等联合推出产品；完善征信体系建设，将租赁行业加入征信系统；完善生态金融体系建设，打造监控平台，融资租赁是第一步，接下来还有商业保理、汽车金融、证券、保险等；打造绿色租赁，加强自来水污水的处理；打造科技租赁，与宁德时代合作新能源电池等。

宜宾银保监分局副局长谢兵谈了一些对地方金融监管的想法：第一，地方金融要围绕三大职责，处理好守正与创新的关系，服务实体经济。金融机构要坚持市场定位、差异化发展战略，勇于尝试创新。当下，需要解决全国同质化竞争现象明显的问题，地方金融机构可以结合实际进行探索创新，契合客户需求，提供差异化的服务。在供应链金融方面，虽有探索和尝试，但核心企业开拓尚且不够。第二，做好地方金融风险防控。第三，要处理好金融产业改革发展中总量和结构的关系，总量还有挖掘和增长的空间，只要有意向，积极汇报争取，扩大金融业态，提升服务。

中国人民银行宜宾市中心支行副行长曾好谈到了中国人民银行一直关注金融发展的问题。第一，政策推动和选择市场化的问题。出台的政策大多是自上而下的，一旦政策支持力度减弱，执行效果会打折扣。小银行面临费率低、风险高的问题，评估指标达不到。第二，完善银行自身机制，做到"敢贷愿贷""会贷能贷"。第三，绿色金融前期启动难，但宜宾有绿色发展的区位优势，需要多方协同联动。国家和省级评定的绿色产业企业较少，要对企业进行摸排，加大对绿色企业、绿色产品的金融支持力度；运用科技手段，强化信息共享，发展供应链金融。第四，征信体系建设，联合8个部门，推出"天府信用通"平台，企业可以通过该平台申请融资，银行可以展示融资产品。

宜宾市金融工作局党组书记、局长王茜首先介绍了宜宾金融的未来发展目标。宜宾"十四五"金融规划指出要加快两个聚集区建设：一是三江口聚集区，"一江两岸"要打造三江新区产业结合区；二是南向开放金融创新示范区。同时，规划了七大特色金融，包括供应链金融、科技金融、白酒金融、融资租赁、普惠金融、绿色金融、跨境金融。随后，王局长介绍了当前宜宾金融发展存在的问题：一是金融需求旺盛，供给不足；二是金融机构数量和种类不足；三是金融体系需要完善。最后，王局长针对宜宾金融发展，向与会专家提出了五点请求：一是加强对七大特色金融发展方向的指导和研究；二是关于开放和创新的问题，这涉及了供应链、绿色、科技金融等诸多方面，这些概念、政策落地宜宾时该怎么进行实际操作，区块链在供应链金融的应用等需要研究；三是金融监管方面，地方金融监管要更加重视金融风险安全把控；四是金融人才方面，金融高速发展后人才不足，希望利用中国人民大学长江经济带研究院的优质资源对目前金融发展的问题进行梳理；五是加强课题延伸，针对宜宾当前迫切性、现实性的情况，进行有针对性的课题研究。

长江经济带思想沙龙

（第4期）

宜宾在长江文化中的定位与影响力提升

2021年4月28日，长江经济带思想沙龙（第4期）在宜宾三江新区举行。本次会议由中国人民大学长江经济带研究院主办，主题为"宜宾在长江文化中的定位与影响力提升"。会议特邀中国人民大学新闻学院原执行院长倪宁教授，宜宾市人大常委会副秘书长、民族宗教外事侨务工委主任张兴明做主题演讲，会议由中国人民大学长江经济带研究院院长涂永红教授主持。

会上，人民网舆情数据中心（人民网舆情监测室）执行主任、人民在线总经理董盟君，宜宾市委宣传部原副部长、市委讲师团原团长刘大桥，川煤集团芙蓉公司纪委书记、工会主席、中国煤矿作家协会会员、四川省作家协会会员王昌东，北京迹侠传媒有限公司策划总监、中国互联网新闻中心艺术中国影视总监阴山，宜宾华侨城三江置业有限公司副总经理刘浩波，中共宜宾市委政策研究室副主任、改革办副主任杨莉，西南财经大学长江金融研究院院长助理杜世光，中共宜宾市委宣传部二级调研员赵华，宜宾市文广旅游局文化遗产科科长袁志宏等嘉宾围绕沙龙主题和主题演讲内容进行了充分研讨。

中国人民大学新闻学院原执行院长倪宁教授在主题演讲中结合习近平总书记关于深入推动长江经济带发展重要讲话精神，提出宜宾文化发展可以聚焦在以下几个方面。

一是形成宜宾文化大局观。把宜宾的文化建设、文化产业的发展，自觉地纳入长江经济带的整个发展战略中，落实到宜宾市委、市政府最近制定的总体定位、总体规划中。做到符合宜宾总体定位和功能定位，进一步加强、丰富文化产业建设内容。目前宜宾文化还是分散，不论是酒文化或者是竹文化、僰人文化，或者是其他的一些文化类别，应在巴蜀文化的统筹发展之下，把宜宾这些各个主题文化联系起来，协调发展。

二是对外宣传和传播推广要有核心点。应准确对宜宾城市形象进行概括，在找出推广宣传传播点的基础上，优化传播策略，做好整合传播。众所周知，宜宾既是酒都，也是商都，还是重要的交通枢纽、竹海之都，等等，有七八个文化主题，却非常分散。这使得大众对宜宾的认知有些不确定。建议设定一个精准的城市形象定位，且相关信息不能太多，既要具有形象性，又要有一定的概括性。相关宣传渠道要统一口径。在我们城市传播过程中，有一个口号："长江首城，宜人宜宾。"宜宾是长江首城，这是谁也夺不走的地理特征，也体现了宜宾特有的区域优势。宜人宜宾，既将城市名称凸显出来，又能把其他诸如酒都、商都、竹海、僰人文化等特色涵盖在内。可以凭借"长江首城，宜人宜宾"这个口号进一步挖掘、提炼宜宾文化，加以推广，突出重点地宣传，让大家能够比较充分、深入地认识、了解宜宾，从而热爱和关心宜宾这个城市。同时，注意利用一些权威媒体提升宜宾的城市影响力。也要做好一些新兴媒体的引导、把控。此外，利用诗歌、戏曲、影视等，创造一些艺术作品，也不失为一种推广、宣传的好形式。

三是持之以恒地建构宜宾文化形象。宣传宜宾，树立宜宾文化形象，要有持续性、有规划、有步骤。掀起推广的热潮，提高全国甚至于世界对宜宾的认知，树立宜宾真实的、美好的形象。宣传、文化、旅游等部门，应统筹协调，长远谋划。在推广传播过程中，也要本着真实、诚实的原则，让大众真切地感受到宜宾所传递的文化信息。

宜宾市人大常委会副秘书长、民族宗教外事侨务工委主任张兴明围绕"说说长江、看看宜宾、谈谈文化、想想问题"做了主题发言。

一是宜宾文化举足轻重。中华文明肯定离不开黄河文化和长江文化。国家现在已经把长江经济带建设归属于重要战略。长江文化体现的是多区域的特征，长江文化、巴蜀文化、宜宾文化同属于长江文明这个大系统。长江的文化属性是地理术语、自然景观、千秋画卷、历史镜子、政治重地……宜宾傲立于长江之头，其文化地位不言而喻。

二是5张名片彰显风采。宜宾地处川、滇、黔三省交界之处，从古至今都是交通枢纽。从地理位置上看，它处在盆地和高原的连接处；从文化上看，它是中原文化和民族文化的一个交接带。上述特征对于认识宜宾文化非常重要。目前，宜宾具有5张重要名片：①标志地理区位的"万里长江第一城"，②彰显重要产业的"中国白酒之都"，③展示城市底蕴的"国家历史文化名城"，④标明山水禀赋的"国家优秀旅游城市"，⑤体现人民素质的"全国文明城市"。

三是文化底蕴十分丰厚。宜宾这座历史文化名城，具有4000多年的酿酒史，3000多年的种茶史，2000多年的建城史，无数名人接踵而来，高官政要非常关注，文人雅士纷至沓来，本地名流层出不穷，英雄烈士前赴后继。文化遗产遍布全市，现有国家级文物保护单位17处，国家一级文物3件，国家级非物质文化遗产4项，宜宾古酿酒的酵池已经进入了世界文化遗产的预备名录。

四是宜宾文化需要拓展。客观来说，宜宾文化多、乱、小、落。宜宾文化是亚文化，是中华文化下面的长江文化的巴蜀文化的第四代，所以其规模受限。因此，理性审视会发现，宜宾文化的品质并非特别好，其资质并不强，其影响也并不大。所以，在做到宜宾文化自信的同时，也不能妄自尊大。

五是文化建设要抓住机遇。文化强国是我国当下重要的战略方针。文化是中华民族的基因，是民族的血脉，是民族精神的命脉，是强大的精神力量。因此，宜宾的文化建设与发展务必要做到理性、自信，尽量与宜宾良好的经济发展同步并行。

文化有三种特性：其一是独特性，文化必须与众不同，它才能存在，否则就会被同化；其二是多样性，在一定区域一定时段文化总是多元一体、共同存在；其三是呵护性，文化如果不去呵护和保护，可能很快就死掉了、泯灭了。

当前，文化建设必须克服延迟性、漠视性。特别是领导层要避免对城市文化关注不够，适当改变重经济轻文化的现状。我们要挖掘宜宾文化，发展宜宾文化，必须有清醒认识，需要高瞻远瞩，需要从长计议。

人民网舆情数据中心执行主任、人民在线总经理董盟君围绕长江沿岸地市级的历史文化名城形象进行了传播指数介绍以及就如何提升宜宾城市形象提出建议。董盟君首先介绍了城市形象传播体系的内涵。指数评价模型包含三个指标体系。第一个是内容传播力，该指标包含内容生产力、内容互动力和内容覆盖力三个二级指标。内容传播力考察一个城市在多元媒体上传播的能力。第二个是文史传承力，从文史基建力和文史创新力来考察一个城市的传承能力。第三个是城市推介力，考察城市的网络舆论情感倾向和网民推介意愿程度。城市推介力越高，说明该城市在网络舆论中的形象越良好、受网民喜爱和推介程度越高。

研究选择了14个城市作为研究对象，宜宾是其中之一。研究发现，苏州和无锡排名靠前，头部效应明显；中间段城市分数较为集中，宜宾排名第六，此外还包含宜昌、丽江、扬州等城市，腰部竞争激烈。

研究指出，互联网流量重构正在深刻影响城市的声量。越来越多新兴互联网平台的崛起和疫情影响下的媒介生态的变化，促使城市形象的呈现方式、形式与内容进行了重构。从传播主体上来说，除了官方的宣传，网民与自媒体等更多主体的主动参与也成为一个重要趋势。从传播媒介来看，以抖音、快手等为代表的互联网平台，用户的体量和时长都在快速增加，成为城市声量不可忽视的渠道。

目前，城市形象传播水平发展模式各具特色。横向对比每个城市各维度得分，可以发现，各城市在内容传播力、文史传承力、城市推介力指标维度分数相对呈现出内容传播见长型、文史传承见长型、内容传播与文史传承双优型等不同形态。在后续推广的时候，宜宾可借鉴与之比较相似的城市的传播方式来发力。

建议利用多元化的传播平台推广宜宾。文旅直播成为一个新的趋势。如苏州在微博微信上有多个官方账号介绍其风景人文，在抖音和快手平台的苏州标签话题下，视频的播放量高达69.2亿次和4.2亿次。同时还应注重文化符号的差异化，各个城市都在挖掘自己的文化基因，像宜宾的酒文化，丽江的纳西文化、东巴文化，扬州的美食文化，等等。

目前宜宾城市形象传播过程中遇到的困境。一是单一历史文化特色标签造成了刻板印象，比如，大家对宜宾认知度较高的是其酒文化，但这个标签也可能是一把"双刃剑"。二是城市群一体化与区位优势的协同效应没有发挥出来。三是融合传播下的全媒体矩阵和内容创新亟待完善与挖掘。四是公共文化空间建设的力度和创新潜力需要进一步的提升。五是舆情危机预测与应对机制缺失造成城市形象滑坡。

最后，对宜宾城市形象发展提出建议。一是融入成渝一体化，借力"1+1＞2"的正向聚合效应。二是延长文化产业链，提高宜宾文化产业的"造血"能力。三是推动数字化转型，借力新技术赋能宜宾城市新体验。四是发挥融媒体作用，打造宜宾城市形象传播矩阵。五是精准防范风险，构建宜宾形象舆论生态全链条。除了加强日常的舆情信息收集与观察，在重大决策出台、重大活动或项目上马之前，更应做好舆论风险评估，并形成一套有效的突发舆情的应急与处置机制。

宜宾市委宣传部原副部长、市委讲师团原团长刘大桥围绕宜宾"宽容和道路"的话题，展开了说明。

宜宾之所以被定义为宽容，与其地理环境有着密不可分的关联。作为中原文化向南扩散的要塞，宜宾承接了由北方汇聚而来的文化元素，并使之与南方文化相融合。这种特殊的地理位置要求宜宾必须开放和包容，而它所扮演的角色不单是文化传递的桥梁，更是南北文化交流的枢纽。另外，宜宾自古便是南北交通要道，拥有历史悠久的"五尺道"。这条古道促进了中原与边疆文化的深度交融。尽管宜宾可能并非文化的发源地，但它无疑是商业贸易的繁华中心。

历史上，宜宾的茶叶和酒因其独特的交通优势而远销各地。宜宾位于水路和陆路的交会处，其中水路横贯东西，陆路则连接南北，使得宜宾成为重要的物资集散地。如今，众多铁路线的交会不仅反映了宜宾的历史地位，也显现了它在现代社会中继续书写的重要角色。因此，保护如"五尺道"和"盐道"这样的历史古道，并为其申报世界文化遗产，对于彰显宜宾文化的开放性和丰富性至关重要。这些古道不仅是历史的见证，也是宜宾文化辉煌的象征。

北京迹佚传媒有限公司策划总监、中国互联网新闻中心艺术中国影视总监阴山以"城市传播的受众思维问题"为题，探讨了受众思维以及城市关注聚集问题。

在城市传播领域，关键的挑战在于吸引公众的注意力，并为他们提供一个有说服力的理由去访问一座城市。那么，如何让一个城市成为热门目的地呢？其实答案很简单：人们的聚集。正是人群的汇聚才形成了市集，带动了城市的繁荣。因此，要让城市受到关注，吸引人们前来，关键是要为他们提供一个充分的动机。

为了增强城市对人们的吸引力，我们需要改变思考方式。以宜宾为例，我们的目标是吸引持续不断的客流。那么，我们该如何创造他们"非来不可"的理由呢？宜宾既拥有酒、竹子、茶等物产，也有李庄古镇这样的历史名镇，但仅仅列举这些特色作为宣传点，就像是给访客提供了一组"选择题"，而结果往往是没有人选择，因为信息太多太杂，无法留下深刻印象。因此，在宣传城市文化或旅游时，我们应该尽量简化信息，如只提供单一选项。从受众的角度出发，我们只需在他们心中建立一个焦点，使之成为唯一记住的印象，这就足以吸引他们前来。我们必须从受众的视角来考虑如何塑造城市形象。同时，要想"点燃"一个地方的热情，现在的方法和途径有很多，但核心在于思维方式、方向和定位的精确性。

中共宜宾市委宣传部二级调研员赵华在宜宾文化地位的主题演讲中，探讨了三个关键议题。首先，关注宜宾的文化地理位置的独特性。宜宾是巴蜀文化的交汇点，承接着岷江流域的"蜀"文化与长江上游的"巴"文化，正处在这两种文化交汇的核心地带。同时，它也是长江文化与巴蜀文化连接的重要节点，赋予了宜宾在文化地理上的巨大优势。基于这一优势，提出了构建宜宾长江文化带研究院的建议。

其次，强调了宜宾文化的多元化和多样性。这种多样性既是宜宾的一大优势，也可能成为其发展的劣势。因此，提出宜宾应当聚焦于一个核心理念——将长江视为宜宾的母体文化，并树立起宜宾的文化自信。在这一理念指导下，宜宾的文化发展应始终坚守这一观念不动摇。宜宾的文化地理优势意味着宜宾需要利用这一优势向外拓展，坚定不移地确立长江作为宜宾母体文化的地位。此外，宜宾的物产如酒、茶、竹、油樟等不仅具有深厚的文化内涵，还拥有强大的产业价值。

最后，提出宜宾应勇于建立一个"文化平台"的提议。建议通过吸引权威专家的参与和呼吁领导层的支持来共同构建这一平台。通过建立长江文化研究院以及长江文化博物馆等文化平台，可以进一步巩固宜宾在长江文化中的地位，占据文化高地。这两个平台的建立将有助于集聚资源，开展长江文化资源的全面调查和文化课题研究，从而丰富和增强宜宾的文化资源基础。

川煤集团芙蓉公司纪委书记、工会主席、中国煤矿作家协会会员，四川省作家协会会员王昌东对宜宾文化内涵、特征及形式做了介绍，并围绕会议主题做了发言。

一是宜宾文化的深刻含义。宜宾文化的三个关键词：柔和、坚韧、智慧。宜宾有突出的地理特征，一是山，二是水。山的坚韧和水的柔和，也体现在宜宾人民的身上，这正是宜宾文化的内涵。宜宾文化苍凉、雄浑、厚重，主要体现在以下几个方面：第一是城建文化。2000

多年建城史，带给宜宾的影响，它不是散漫的，不是分散的，不是柔弱的。第二是山水文化。第三是饮食文化。第四是宗教文化或神话文化。

二是宜宾文化的影响力。宜宾对长江文化的影响力体现在三个方面：滋养了长江文化，丰富了长江文化，发展了长江文化。宜宾文化还有很多亟待挖掘、整理的地方，还有很多亟待开拓的地方。宜宾文化的重要影响力体现在宜宾作为长江文化的一个重要的组成部分，它具有龙头的作用，凭着独特的地理优势以及厚重的文化底蕴，它在整个长江的发展过程之中起到了引领的作用。目前宜宾波澜壮阔的发展建设场面一定会在长江文化方面具有龙头的作用。

中共宜宾市委政策研究室副主任、改革办副主任杨莉围绕宜宾在长江文化中的发展定位及影响力提升这一主题进行了发言。

依托宜宾丰富的长江文化资源，可以进一步增强宜宾的"文化自信"。这种自信源于宜宾深厚的历史人文底蕴，也是宜宾独特地理区位优势的体现。我们需要充分利用这些资源，将宜宾打造成长江上游的生态城市，并成为长江文化的重要代表。同时，也要让宜宾在世界大河文明的对话中占据一席之地，从而走向世界。

为了实现上述目标，可以从以下三个方面进行思考和行动。

首先是传承城市文脉。城市文脉是一座城市历史与文化的根基，它记录了城市从过去到现在的发展轨迹。宜宾在这方面具有独特的地位和作用，因此需要正确处理城市建设发展和文化遗产保护的关系，构建完善的历史文化名城保护传承体系。例如，可以加强对李庄古镇、冠英古街、真武山、旧州塔、流杯池等古遗址的保护和建设，使其与城市共生共荣。此外，还可以深入挖掘和整合非遗文化资源，如燃面、凉糕、竹工艺等，以点带面地推进特色非遗文化的保护和传承。同时，作为长江首城，宜宾应充分利用三江之水，通过挖掘历史人文资源、提升景观文化内涵、优化服务功能等方式，打造长江文化旅游景区和长江上游生态旅游风景区，进一步彰显宜宾长江文化的特色魅力。

其次是激发城市活力。宜宾应坚持全球视野、国际标准、中国特色和高点定位，将长江首城建设成为实践新发展理念的典范。具体来说，宜宾可以吸引高端高新技术企业，构建传统产业与新兴产业双轮驱动的现代产业体系；同时继续实施人才招引计划，引进和培养一批诺贝尔奖级别的、院士级别的全球战略科学家、产业科学家，打造国际人才自由地。此外，宜宾应坚持生态优先、绿色发展理念，让百里翠竹长廊、长江公园、蜀南竹海、兴文石海等美丽的自然景观在长江之头铺陈延展。加快智能技术研发和应用，推进大数据中心建设，通过公共信息资源开放平台、互联网＋政务服务平台、信息惠民工程等项目推进，打造智慧新城。全面推进经济、科技、文化、旅游、教育、人才等领域的对外开放，构建全方位对外开放格局，促进国际高端教育文化资源聚集。

最后是提升城市影响力。在保护传承长江文化的基础上，宜宾可以通过传播交流实现创新发展。具体来说，宜宾可以组建长江文化研究院，建立长江文化专家智库，占领长江文化的理论高地；可以规划建设长江文化博物馆，全面展现宜宾长江文化博大的人文精神与深度和谐理念，系统展现长江文化作为中华文明重要源头的独特魅力；可以举办长江文化高端对话，将其打造成具有国际影响力的世界大河文明交流平台和国际知名的文明论坛，进一步推动长江文明走向世界；可以打造地域文化活动品牌，扩大酒文化、茶文化、竹文化等系列城市文化品牌的影响力；可以努力提升节会水平，将宜宾酒、茶博览会打造成为世界名酒荟萃的盛会和展示交流的平台；可以通过创作反映宜宾地域特色和个性魅力的文学、美术、影视等文艺作品来扩大城市传播力；可以充分利用全媒体平台等宣传手段讲好宜宾故事、推介宜宾形象，进一步扩大城市影响力；等等。

宜宾市文广旅游局文化遗产科科长袁志宏围绕文化遗产保护和文旅融合为主题发表了看法。第一，加强长江文化遗产的保护利用，以古镇历史文化街区为重点，推进文物保护与创新，利用创新发展，着力打造李庄古镇、冠英历史文化街区、江安历史文化名镇，充分展示长江主题文化和地方特色文化。可以重点推荐长江上游最完整的城墙——南溪城墙，还有李庄的抗战文化、金沙江船工号子、川江号子等。第二，加强对馆藏文物的研究，策划长江主题展览。如宜宾市博物院推出"我住长江头——宜宾历史文化陈列"，是以各个历史时期的长江文物和文化遗产来串联宜宾历史，凸显宜宾从古至今便是川滇黔接合部的交通枢纽、四川南向开放门户和区域中心城市的历史地位，展现出宜宾各个历史时期的政治、经济、文化、社会等方面的独特性和影响力，更加坚定了宜宾因水而生的文化自信。第三，抓好长江文化的传承发展，围绕"话说长江"推进长江文化研究，开展长江文化主题创作，打造长江文化活动品牌，推广长江生态文化作品。①创作推出"三江首城大江之梦""万里长江第一城"等音乐作品，宣传宜宾独特的长江文化，增强城市知名度和美誉度。②创作演出舞台剧目，通过舞蹈、杂技、情景歌曲、戏曲等多种艺术表现形式，展示万里长江第一城——宜宾的形象。③围绕长江岸线推进长江生态文明建设，赋予其新的时代内涵，建设宜宾长江文化公园，组织长江第一湾音乐节。④文化内容产品创新，创新发展文化旅游产品以及酒文化等，设计城市文化主题与形象，将长江文化融入城市建设，融入百姓生活。第四，以长江为媒，推进区域协同发展。①以长江黄金航道为载体，推进宜宾融入成渝地区双城经济圈，促进成渝地区双城经济圈及巴蜀文明走廊建设，打造长江水上文化旅游线路等，参与国际国内经贸文化交流合作。②开展川南与川西合作，深化交流互鉴，结合实际推进巴蜀文化发展。③共同开展长江上游、金沙江下游、岷江下游区域的考古工作，加强区域协调发展。

长江经济带思想沙龙

（第 5 期）

推进宜宾大体育大健康深度融合发展

2021年6月2日，长江经济带思想沙龙（第5期）在宜宾南溪区举行。本次会议由宜宾市南溪区人民政府与中国人民大学长江经济带研究院联合主办，主题为"推进宜宾大体育大健康深度融合发展"。会议特邀北京体育大学体育商学院副院长、博士生导师白宇飞教授，宜宾市卫健委党委委员、副主任罗强做主题演讲。会上，中国人民大学财政金融学院戴稳胜教授、李凤云副教授、罗煜副教授、黄继承副教授分别就宜宾大体育大健康产业有关问题进行了交流分享。会议由时任宜宾市委组织部副部长铁强主持。中国人民大学长江经济带研究院院长涂永红教授做总结发言。

会上，南溪区副区长邓伟，吉林大学宜宾研究院院长徐学纯教授，北京体育大学体育商学院马天平副教授，战略、文史专家王鼎杰以及南溪区相关部门、企业代表等嘉宾围绕沙龙主题和主题演讲内容进行了充分研讨。

北京体育大学体育商学院副院长、博士生导师白宇飞教授结合国家在体育和健康方面的发展战略规划，对宜宾体育健康产业规划发展进行了主题发言。

1. 体育事业发展历来受到国家层面的高度重视

一是体育事业发展是国家重大战略。党的十八大以来，习近平总书记已把体育事业融入实现"两个一百年"奋斗目标大格局中去谋划。

二是"四个重要"彰显体育事业发展的重要地位。2020年9月22日，习近平总书记组织召开了教育、文化、卫生、体育领域的专家座谈会，对体育进行了重新和全面的定位，这也是到目前最高规格的定位，即"四个重要"——体育是提高人民健康水平的重要途径，是满足人民群众对美好生活向往、促进人的全面发展的重要手段，是促进经济社会发展的重要动力，是展示国家文化软实力的重要平台。

三是"十四五"规划中的体育事业发展。2021年3月两会结束之后，正式公布了《中华人民共和国国民经济和社会发展第十四个五年规划和2035年远景目标纲要》（以下简称正式纲要），强调了建成体育强国的时间。早在2019年，国务院就出台了体育强国建设纲要，这是我国首次提出要建设体育强国，当时给出的时间点是2050年建成体育强国。正式纲要中把建成体育强国的时间点提前到了2035年，代表了党中央和国务院对体育重要价值的高度认可。

2. 我国体育事业发展脉络

一是"站"起来阶段。在这个阶段，中国体育刚刚起步，总体上还比较粗放，没有形成群众体育、竞技体育、体育产业、体育文化四大标志性概念。

二是"富"起来阶段。改革开放之后的第一个30年，1979年有一个标志性的事件，就是国际奥委会恢复了我国在奥委会的合法席位。在这个阶段，1984年徐海峰取得了第一块奥运会金牌；中国女排五连冠，女排精神由此升华为民族精神；2008年举办了第一届奥运会。截至2018年年底，我国体育代表队一共斩获了3458个世界冠军，237个奥运冠军，1332次超过或者创造新的世界纪录。国家对体育的重视体现在大量且规格高的文件纲领开始出台，国家体育总局、全国人大、国务院都公布了相关的政策。在"富"起来这个阶段，体育发展的历史脉络是三个战略，第一是奥运战略，第二是体育社会化战略，第三是体育市场化战略。经过这三个战略的推进，我国也从体育的第三世界变成了奥运三强，从传统的参赛国变成了办赛国，而且体育搭台、经济唱戏开始呈现，成为经济社会发展的一个不可或缺的推动力，但它还不能叫重要动力。在这个阶段，我国对整个体育的认识还局限在其本体功能和政治功能上。过度注重竞技体育，虽然也提全民健身，也提群众体育，但是关心和供给得还不够。

三是"强"起来阶段。"十三五"期间和党的十八大以来，出台的体育纲领性文件的规格越来越高，国务院在2014年的时候印发了一个文件，它被我们业内称为"46号文"，这个文件的印发标志着体育的经济属性正式被国家所认可。这之后，我们国家的体育产业不断地向前发展，2019年占GDP的比重已经超过了1%。这一次的纲要和"十四五"规划明确界定，2035年不仅要建成体育强国，而且体育产业要成为国民经济支柱性产业，经济产值要占到GDP的3%～4%。

3. "以强促强"是新时代体育战略发展的现实归宿

第一个强指的是体育强国，第二个强指的是社会主义现代化强国。2050年，我国要全面建成社会主义现代化强国，也离不开体育强国作为重要的支撑。

一是老龄化、长寿化构成体育人口趋势。当前和未来相当长一段时间，老龄化、长寿化将成为一个共识，或者说将成为大家普遍接受的也不可逆的趋势。

世界卫生组织每年公布国家卫生服务覆盖指数。中国卫生服务覆盖指数76，并列排在全球第37名，属于中等靠前的位置。我国65岁以上的老年人，已经超过1.5个亿了，市场涌现出银发经济或者银发浪潮，在这一阶段中，我们对劳动力的依赖可能会从数量型转向质量型。那么体育的功能在于什么？它能够有效延长健康时间，提高人口素质和人力资本的回报率，而且它能够提供健康、娱乐、社交和归属感，不仅有助于老年人，各个年龄阶段的人都可能从体育运动中获益。

二是全面化、均等化的健康构成体育红利。大环境是老龄化、长寿化，小趋势是全面化、均等化。我国成年居民当中超重肥胖率超过50%，青少年、儿童体质不合格率大概是11.3%，人口近视发病率我国排在全球第二位，人口是最多的。目前医治和防护在我们国家是长期分离的，就是注重医但不注重防。所以《"健康中国2030"规划纲要》里，对2020年和2030年参加体育锻炼的人数、体质测定达标的人数、居民健康素养水平以及重大慢性病过早死亡率都设定了一个非常明确的数字，这也体现出我国居民的健康水平不容乐观。

解决当下和未来体育问题，不能再把它狭隘理解为一种简单的身体运动了，它应该是健康修复、健康维护和健康促进的一种有效的手段。"体育＋"和"＋体育"应该成为我国公共健康计划的基本支撑。习近平总书记用"四个重要"概括了体育的意义，并把提高人民健康水平放在了第一位，这也是体育的基础性的战略价值。最后实际上就是我们讲的不同收入、不同年龄段、不同性别人群之间应该实现一种健康的平等，也就是体育运动的无差异化。

三是不断满足人民对美好生活的向往、持续推动人的全面发展。竞技体育带动群众体育。体育是满足人民对美好生活的向往、持续推动人的全面发展的重要手段。这跟两个相关，一个是竞技体育，另一个是群众体育，也是传统上对体育理解的最核心的两个部分，体育产业和体育文化。明年北京冬奥会的顺利举办，意味着我国将成为全球首个在同一城市举办过夏季奥运会和冬季奥运会的国家。为了更好地推动冰雪运动，同时带动全民健身，实际上我国出台了若干的政策，按照现在的规划，到明年我国将有1450座滑冰场和滑雪场，装备器材的年销售额可能超过200亿元。这是体育产业的一小部分，到2025年直接参与冰雪运动的人数在全国范围内可能会超过5000万人。冰雪运动实际上是体育项目中的一个维度，夏季运动的宽广程度比冰雪运动要多很多。

实际上，竞技体育在带动群众体育的同时，群众体育也会支撑整个竞技体育的发展。因为竞技体育的辉煌延续是需要群众体育提供人才基础的。

四是体育新基建拉"近"内需。新基建代表了以人工智能数字化为核心的一系列新的方式和手段。体育服务业、体育制造业和体育设施建设业构成了体育产业的三大支撑。体育服务业占比越高越好，这是因为：其一，这是一个全球性的规律；其二，从普及的角度来讲，体育服务业的核心是竞赛表演业，不管是马拉松、游泳、射箭还是自行车都属于竞赛表演业，上述产业核心起来了，体育服务业占比就会提高，整个体育产业的发展就会实现高质量增长。

大数据、人工智能、物联网、区块链等新基建普及，体育设施智慧化、运动行为数据化，线下线上消费融合成为大势所趋，预计我国2025年体育产业总规模突破5万亿元。虚拟现实技术和5G会进一步激发体育产业新增长点，形成具有颠覆意义的体育互联产业集群。

五是体育服务业谋"远"赋能。《关于促进全民健身和体育消费推动体育产业高质量发展的意见》提出，力争到2022年，体育服务业增加值占体育产业增加值的比重达到60%。

随着我国体育智造、体育旅游、体育传媒、体育康复、体育经纪等新旧业态更多与国际接轨，体育产业将实现以高水平开放反制逆全球化、以改善营商环境反制"撤资论"、以超大市场反制"脱钩论"，助力形成对我国有利的"以国内大循环为主体、国内国际双循环相互促进"的新发展格局。体育催化经济强劲生长的同时，也加速社会整合和社会变革，是全面强国不可或缺的关键性启动因素。

六是以体育文化彰显国家软实力。每个强国在他最辉煌的时候，在体育方面都是可圈可点的。英国创造了现代意义上的体育文化，法国创建了国际体育组织机构和组织文化，美国创建了体育商业文化和大众体育文化，日本对接西方之后也形成了自己独特的本土体育文化。所以从体育的角度来讲，我们也需要讲好中国故事，重构中国的体育文化，由此增加我们的文化吸引力、筑牢民众价值观等，展示我们的文化软实力。

当前，体育实际上已经融入我国众多对外重要合作机制之中：中国—中东欧国家合作论坛、中非合作论坛、中国—拉共体论坛、"一带一路"倡议、金砖国家等重要双边和多边机制中，"体育之花"遍地开。预期中国特色体育外交将对推动构建人类命运共同体发挥更大作用。

4. 新发展阶段体育战略支撑作用不足的表现

一是体育作为提高人民健康水平的途径不够畅通。主要体现在两方面：第一，体育觉醒意识未能充分激活，以体促健起点迂曲。从青少年的角度来讲，我们只有37.3%的学校宣传科学健身知识，每周参加3次以上体育运动的高中生占比不到1/3，挤占体育课和课间操可能还是一个比较普遍的现象。2/3的学生发生过运动扭伤，但是只有3%的学生知道如何去正确处理，说明我国在防护知识宣传方面的不足。从成年人的角度来讲，往往是有时间看电视和上网，没时间、没钱去健身。我们做了一个抽样调查，不到1/5的人经常参加体育运动。从老年人的角度来讲，他们往往受到场地、器材等方面的局限，可提升的空间很大。第二，体育工作布局未能有效引领，以体促健路径偏离。2016年，我国的人均体育经费为5.95元，不到英国的1/6，相差较大，体育事业经费应是接下来需要努力和填补的空间。第三，体育运动的科学引领不足，健身知识普及程度不高，目前我国医生能开出运动处方的其实比较少。老年人健康锻炼中出现了很多不科学的健身方法，由此导致了很多运动损伤，体育的跨界融合还不够。

二是体育作为满足人民群众对美好生活向往、促进人的全面发展的手段不够有力。第一，经营场所不多，方式还相对比较单一，导致政策的设计和具体的执行存在着一定的脱钩现象。第二，供给手段也偏软。2019年，我国人均体育场地面积是2.08平方米，相当于美国2013年的13%，日本2019年的10%；每万人拥有体育场馆12.45个，为发达国家的6%。实际上我们的场馆不少，但很多都在教育系统和军队系统，这些一般不对社会开放，所以人均的面积就很少。

三是体育作为促进经济社会发展的动力不够充沛。一方面，体育产业总量小，对经济社会贡献不充分。我国体育产业规模占GDP的1.1%，与发达国家3%～4%的比重有差距，且体育消费人群比重不高。体育产业结构不合理，2019年体育服务业规模占比为50.63%，而法国超过80%。另一方面，体育产业动能小，对经济社会助力难持久。人才体系不健全——专业教练员、退役运动员等优质人才资源在产业发展中作用发挥不够。赛事运作、场馆运营、体育经纪、体育培训、体育装备研发等领域缺乏"懂体育、善经营、会管理"的专业人才。政策不落地——现行政策缺乏关联性，与发展改革、财政、规划、自然资源、住建等多部门的协调联动机制不健全。体育消费补贴政策未得到财政支持，对民营企业在赛事资源获取、场地补贴、体育项目落地等方面的政策扶持力度不够。同时，品牌效应缺乏。中小微企业、轻资产运营企业较多，不能掌握国际大赛用品标准制定权。体育制造业科技含量低，在国际分工中处于产业链低端。如ICON、Life Fitness、Precor等国际高端健身器材品牌长期占据我国主要市场；北京冬奥会赛场器材设备除短道速滑和花样滑冰保护垫外，都从国外进口。

四是体育作为展示国家文化软实力的平台不够宽。第一，体育展示民族文化凝聚力、向心力后劲不足。媒体对体育功能的宣传力度不够，"影像转播"受商业利益驱使导致体育宣传存在"卡脖子"难题。人民群众对更高层次、更高质量美好生活的向往越迫切，就越需要各级各类组织加强创新和丰富对体育重要功能的宣传模式。融媒体时代，受商业利益所限，传播效果最佳的电视频道时段和影响力最大的版权互联网公司，都有垄断行为，难以满足体育宣传的需求。第二，体育没有有效促进国际对话，交流版图不全。没有围绕"一带一路"倡议设计出重大品牌赛事。"一带一路"倡议的宏大设计，为创建重大体育品牌赛事提供了历史性机遇。"一带一路"倡议重大品牌赛事超越肤色、信仰、文化和语言障碍，淋漓尽致展现了"人类命运共同体"的内涵，但体育工作者未能对之设计相应的重大品牌赛事。同时，对我国是否再次举办奥运会、何时再举办奥运会缺少成果性的研究。北京奥运会给我们留下了宝贵的财富，无论在我国哪个省市举办奥运会，都会向世界交出最强答卷。在建设体育强国的进程中、在新时代的征程中、在第二个百年奋斗目标中，是否再次举办奥运会要有具体的设计。

5. 四川锚定建设中国体育强省

四川省人民政府和国家体育总局在2019年联合签署共建体育强省战略合作框架协议。国家体育总局支持四川省以丰富的旅游资源为依托，大力发展体育旅游，打造户外运动、航空运动和体育休闲目的地，建设国家体育旅游示范基地，推出体育旅游精品赛事和线路，打造一批运动休闲特色小镇，辐射带动区域体育事业发展。

服务业的发展会伴随着经济增速的下滑而下滑，这在世界范围内都是一个公认的规律，但是经济增速的下滑并不代表经济发展质量的降低。要实现经济高质量发展，边缘产业要崛起，实现爆发式的增长，体育产业就是其中之一。其实体育发展需要人，没有足够大的人口基数是很难做成的。四川有人口基数优势，多个城市被列为重点发展体育运动的城市。

6. 宜宾是体育与大健康产业发展的"潜力股"

一要科学规划，引领发展方向。按照"立足发展、科学规划，合理布局、资源优化"的总体思路。

二要打造品牌赛事，促进深度融合。积极打造"顶级赛事引领、精品赛事推动、业余赛事普及"的层级体系。

三要培育市场，提升产业增量。持续抓好体彩销售工作，鼓励县（区）积极创建体育产业示范基地，聚焦"体育＋文旅＋产业"。

四要加快设施建设，补齐发展短板。全民健身设施建设，包括大学城共享中心、长江体育赛事中心和宜宾市市民健康活动中心建设，体育旅游配套设施建设，以及主城区重点文化场所和体育设施建设。

设定宜宾体育健康事业发展的近期目标和远期目标。

一是近期目标要基于四川省和总局共建体育强省的相关规划内容制定，努力申请举办国家体育旅游精品赛事，打造国家体育旅游精品线路和国家体育旅游示范基地，这是从资源的角度考虑。

二是中长期目标应在"十四五"规划的指导下制定。首先，国家体育产业的"十四五"规划里对户外运动的场所有明确的界定，如水域、空域、森林、草原等，这与宜宾所拥有自然资源相契合，宜宾应努力成为整个西部的户外运动标杆城市。其次，就是申报体育产业示范基地，如果具备体育旅游的相关的赛事或者线路，或者有我们当地非常出名，在全国有一定特色的体育综合体，就有机会申报国家体育产业示范基地。最后，就是提到的国家体育消费试点城市，这是可以攻坚的或者可以努力的一个目标。

发言最后，白宇飞教授认为宜宾在健身休闲方面的资源特别丰富，宜宾应当把目标放得更长远一点，不只是西部，不只是中国，应努力建成世界健身休闲之都。

宜宾市卫健委党委委员、副主任罗强做题为"真抓实干　砥砺前行——加快推进大健康大体育深度融合发展"的主题演讲。

随着工业化、城镇化、人口老龄化发展及生态环境、生活行为方式变化，慢性非传染性疾病已成为居民的主要死亡原因和疾病负担。心脑血管疾病、癌症、慢性呼吸系统疾病、糖尿病等慢性病导致的负担占总疾病负担的70%以上，成为制约健康预期寿命提高的重要因素。为积极应对当前突出健康问题，延长人民群众健康寿命，必须大力推动全民健身与全民健康深度融合发展，这也是深入贯彻落实《"健康中国2030"规划纲要》《全民健身条例》《体育强国建设纲要》的必经途径和有效策略。

1. 大健康大体育的概念

大健康从本质上讲是一种广义的健康概念，是根据时代发展、社会需求与疾病谱的改变，提出的一种全局的理念，是随着人们的健康理念的延伸而产生的，它围绕着人的衣食住行和生老病死，关注各类影响健康的危险因素和误区，提倡自我健康管理。国家在出台的《健康中国行动（2019—2030年）》等相关文件中，围绕疾病预防和健康促进两大核心，提出开展15个重大专项行动，促进以治病为中心向以人民健康为中心转变，努力使群众不生病、少生病。

大体育是指以共建共享、全民健康为发展目标，充分发挥体育在健康促进、疾病预防和康复运动等方面的独特优势，释放体育在强身健体、振奋精神、凝聚力量和推动经济社会发展等方面的多元功能，构建改革创新、体医融合、协同联动的工作机制，不断完善全民健身服务体系和全民健康保障体系，实现以治病为中心向以人民健康为中心转变。

健康产业是指以医疗卫生和生物技术、生命科学为基础，以维护、改善和促进人民群众健康为目的，为社会公众提供与健康直接或密切相关的产品（货物和服务）的生产活动集合。

2. 当前影响健康的主要因素

一是高盐、高糖、高脂等不健康饮食是引起肥胖、心脑血管疾病、糖尿病及其他代谢性疾病和肿瘤的危险因素。2016年全球疾病负担研究结果显示，饮食因素导致的疾病负担占到15.9%，已成为影响人群健康的重要危险因素。

二是成人经常锻炼率处于较低水平，且多数居民参与体育活动时有很大的盲目性。根据国家体育总局2014年全民健身活动状况调查，我国城乡居民经常参加体育锻炼的比例为33.9%，其中20～69岁居民经常锻炼率仅为14.7%，成人经常锻炼率处于较低水平，缺乏身体活动成为多种慢性病发生的重要原因。

三是常见精神障碍和心理行为问题人数逐年增多。我国抑郁症患病率达到2.1%，焦虑障碍患病率达4.98%。截至2017年年底，全国已登记在册的严重精神障碍患者为581万人。同时，公众对常见精神障碍和心理行为问题的认知率仍比较低，更缺乏防治知识和主动就医意识，部分患者及家属仍有病耻感。

四是出生缺陷多发，妇女"两癌"高发，严重影响妇女的生存和生活质量，影响人口素质和家庭幸福。

五是各年龄阶段学生肥胖检出率持续上升，小学生、初中生、高中生视力不良检出率分别为36.0%、71.6%、81.0%。

六是60岁及以上老年人口达2.49亿人，占总人口的17.9%，近1.8亿老年人患有慢性病。

七是心脑血管疾病是我国居民第一大死亡原因。高血压、血脂异常、糖尿病以及肥胖、吸烟、缺乏体力活动、不健康饮食习惯等是心脑血管疾病主要的且可以改变的危险因素。

八是癌症发病率及死亡率呈逐年上升趋势，已成为城市死因的第一位、农村死因的第二位。

九是慢性呼吸系统疾病以哮喘、慢性阻塞性肺疾病等为代表，患病率高，严重影响健康水平。我国40岁及以上人群慢性阻塞性肺疾病患病率为13.6%，总患病人数近1亿人。

十是我国是全球糖尿病患病率增长最快的国家之一，目前糖尿病患者超过9700万人，糖尿病前期人群约1.5亿人。

3. 推进大健康大体育融合的策略

总抓手是加快将宜宾建成成渝地区区域医疗中心和建设全省一流的健康服务业发展高地，总目标是实现大众健康管理服务从单纯依靠医疗卫生"被动、后端的健康干预"到体育健身"主动、前端的健康干预"的发展，实现全民健身与医疗卫生、文化、教育、旅游等社会事业融合发展。

第一，加强各部门各行业沟通协作，推进体医融合。

一是各部门要将全民健身与全民健康项目融入现有规章、政策中，构建功能完善的综合性基层公共服务载体，充分发挥全民健身在健康促进、养老服务中的作用，形成部门联动、共促融合的工作格局。

二是学习国家体育总局与北大附属医院合作、内蒙古体育局成立体育医院开展体医融合的经验做法，推进国民体质监测项目融入健康体检体系。鼓励有条件的大型综合医院设置运动康复专科门诊，建立城乡居民日常体质监测、运动能力评定、身体素质评估等健康档案数据库，为医生诊断和开具"运动处方"、指导科学健身提供依据。

三是推动优质医疗资源下沉基层，探索组织医疗专家定期走出"大医院"，依托社区卫生服务中心和乡镇卫生院，设置专家服务流动岗，为基层群众提供高质量的健康教育咨询、健康干预和慢性病防控等服务。同时，有效发挥中医药在运动康复等方面的特色作用，开展健身咨询和调理等服务。

四是鼓励社会力量通过特许经营、公建民营、民办公助等模式，开办康体、健康测定和运动康复等健身健康服务机构，提供公益性健康服务。

第二，加快推进"健康2030行动"，提高健康质量。

一是实施全民健身行动，重点是为不同人群提供针对性的运动健身方案或运动指导服务，努力打造百姓身边健身组织和"15分钟健身圈"，推动形成体医结合的疾病管理和健康服务模式。

二是实施心理健康促进行动，重点是通过心理健康教育、咨询、治疗、危机干预等方式，引导公众科学缓解压力，正确认识和应对常见精神障碍及心理行为问题；健全社会心理服务网络，加强心理健康人才培养；建立精神卫生综合管理机制，完善精神障碍社区康复服务。

三是实施妇幼健康促进行动，重点是积极引导家庭科学孕育和养育健康新生命，健全出生缺陷防治体系，完善婴幼儿照护服务和残疾儿童康复救助制度，推进农村妇女宫颈癌和乳腺癌检查。

四是实施中小学健康促进行动，重点是引导学生从小养成健康生活习惯，预防近视、肥胖等疾病；中小学校按规定开齐开足体育与健康课程，把学生体质健康状况纳入对学校的绩效考核。

五是实施老年健康促进行动，重点是健全老年健康服务体系，推进医养结合，探索长期护理保险制度；打造老年宜居环境，实现健康老龄化。

六是实施心脑血管疾病防治行动，重点是全面落实35岁以上人群首诊测血压制度，加强高血压、高血糖、血脂异常的规范管理；提高院前急救等应急处置能力。

七是实施癌症防治行动，重点是倡导积极预防癌症，推进早筛查、早诊断、早治疗，降低癌症发病率和死亡率，提高患者生存质量；有序扩大癌症筛查范围。推广应用常见癌症诊疗规范。

八是实施慢性呼吸系统疾病防治行动，重点是引导重点人群早期发现疾病，控制危险因素；探索高危人群首诊测量肺功能、40岁及以上人群体检检测肺功能。

九是实施糖尿病防治行动，重点是引导糖尿病前期人群科学降低发病风险，指导糖尿病患者加强健康管理，延迟或预防糖尿病的发生发展；加强对糖尿病患者和高危人群的健康管理，促进基层糖尿病及并发症筛查标准化和诊疗规范化。

第三，加强健康健身人才队伍建设，提供人力保障。

一是探索建立卫生健康与体育、教育、科技、养老等领域人才融合机制。成立由各领域专家组成的专家组，加强健身与健康基础研究工作。把健身与健康人才培养纳入全市中长期人才发展规划，鼓励在宜各类院校开设具有体医融合特色的专业课程，大力培养掌握体育学和医学两方面知识的专业人才。

二是探索建立全民健身健康人才培养基地，引入医疗康复专家，培训各级各类公益社会体育人员，融入慢性病防治、健康教育、康复医学、科学饮食等知识，提升公益社会体育人员指导健身健康能力水平。引入体育健身专家，培训医院康复门诊人员、社区卫生服务人员，加大"复合型人才"队伍建设。

第四，加强健身健康理念宣传教育，营造良好氛围。

一是将"体育促进健康""运动是良医"等理念融入文明城市创建、卫生城市创建、精神文明建设，列入健康教育体系，引导公众树立体育健康观，不断提升公众的健康意识和行为方式。

二是鼓励各级新闻媒体开办优质健康科普节目，通过"互联网＋全民健身""互联网＋全民健康"等方式，讲好健身健康故事，提高公众对健身健康的知晓率、参与率。

三是鼓励全市各中小学、幼儿园结合德育课、体育课开展健康知识普及，从小养成终身锻炼习惯和健康生活方式。鼓励各类体育社会组织，结合体育赛事活动等工作，推广健康健身方法。

第五，加强健康健身产业市场培育，发展健康产业。

一是大力发展医疗卫生服务业。加快推进市一医院、市二医院、市中医医院、市妇幼保健院等新院区建设，同时统筹老院区规划设置儿童医院、老年病医院、康复医院等专科医院。加快推进县级综合医院、中医医院全部建成三级医院，22个县域医疗次中心全部建成二级医院，中心城区每个行政街道建有1个3000平方米及以上的社区卫生服务中心（社区医院、卫生院）。宜宾卫校升格为高职专科学校，与四川大学、成都中医药大学等高等院校合作在宜宾建分校或指导宜宾学院建医学院，与四川大学华西公共卫生学院、四川大学全科医学中心在人才培养、科研及产教融合等方面开展全方位合作。

二是大力发展医药产业。高标准打造四川省医用卫生应急产业基地，力争建成国家级医用卫生应急产业基地。持续推动宜宾三江新区罗龙工业园、筠连县海瀛工业园、高县贾村工业园、江安阳春坝工业园等园区承接健康医疗产业类企业。支持兴文县打造"中国苗药之乡"、叙州区打造"中国道地仙茅产销核心区"、筠连县打造"中国黄精第一县"。

三是大力发展养生养老产业。依托宜宾酒、竹、茶、桑、油樟、红豆杉、漆树等资源优势，推动医疗、中医养生保健、体育、文化等与旅游业联动发展，建设一批业态集聚、功能完善、特色鲜明的现代健康服务业基地，打造一批中医药养生保健旅游精品线路和成渝地区休闲旅游康养目的地；依托筠连县中医药产业园区，牵头组建乌蒙山中医药产业发展联盟；依托五粮液集团大健康管理中心与华西医院合作，在李庄镇高质量建设国际健康管理中心；依托社区医养结合服务提升工程，建设一批社区医养结合服务中心，推广乡镇卫生院、养老院"两院一体"模式，支持基层医疗卫生机构重点向康复、护理和养老服务延伸，加快将宜宾建成全省医养结合示范先行市。

四是大力发展健康管理服务产业。依托三江新区智能终端产业园和高职教育产业园，建成国家健康医疗大数据应用示范中心与产业园试点市，推动5G、互联网、人工智能、虚拟现实、生物3D打印等技术和设备在医疗服务方面的应用。大力开展四川智慧医院和互联网医院创建，全市至少建成5家互联网医院、10家四川智慧医院，二级及以上公立医疗机构普遍实现"扫码就医"，提供分时段预约诊疗、智能导诊等便民服务。大力开展远程指导、健康咨询、远程监测、健康管理等服务，探索开展处方流转、药品配送、远程照护、上门护理等服务。

大健康大体育深度融合发展的历史车轮滚滚向前，承载的将是百姓心中满满的获得感和幸福感，撑起的将是健康宜宾的历史征程和美好风景。站在新的历史起点上，宜宾市政府工作部门将久久为功、善作善成，持之以恒推进宜宾大健康大体育深度融合发展，为宜宾加快建成成渝地区经济副中心做出应有的努力和贡献。

吉林大学宜宾研究院院长徐学纯教授围绕"旅游＋健康"以及城市旅游宣传等方面做了主题发言。

一是大自然是人类健康最重要的外界保障因素。旅游可以作为未来保证健康的一个非常好的方式。虽然锻炼也可以保证健康，但是不正确的锻炼方式是有害的，并且部分人群进行锻炼是被动的，旅游既有主动性也有被动性。在自然环境中锻炼好过在室内环境中锻炼，更加有助于健康。

二是充分利用宜宾交通网络逐渐完善的红利，深挖旅游资源，提升宜宾旅游吸引力。宜宾综合交通网络逐渐完善，机场、高铁、过境高速公路等重大项目相继建成并投入使用，极大地提升了宜宾的对外开放交流水平。同时宜宾也擦亮了"长江首城，宜人宜宾"的招牌，因此目前仅通过五粮液来宣传宜宾远远不够。因为交通发达以后，宜宾已经变成了一座开放且环境优美的城市。目前宜宾对外宣传不够，导致旅游资源开发不够。宜宾不是只有蜀南竹海、兴文石海，还要深挖旅游资源，不要做小宜宾，要做大宜宾，争取创建国家一级地质公园。充分利用自然资源，利用本地奇形怪石、地下森林等众多旅游资源开发旅游产业，利用三江交汇、长江第一湾等地理标志加大对外宣传，使外界更了解宜宾，吸引游客前来旅游，创造旅游经济价值。

中国人民大学财政金融学院戴稳胜教授围绕体育健康产业的金融服务做了主题发言。

第一，对体育大健康产业的看法：

体育产业要以正确的导向为基础，它才能够推动经济社会发展，而经济发展又将反哺人类文明进步。人的本性是寻求一个解放，体育的更高、更快、更强其实体现的就是追求解放的精神。体育发展通过促进人的全面发展形成优质人力资源，进而推动经济发展，经济发展创造的物质基础又能为人的自由解放提供更广阔的空间。使人得到更大的自由度。中国特色的群众体育发展道路，通过培养身心健康、积极向上的劳动者群体，推动经济发展，经济发展又能进一步推动人的进步和解放。

第二，对大健康产业规划的想法：

应当突出健康产业里的一个支柱产业，形成成果产业化——产业规模化——服务现代化的完整发展链条，然后推进产业的研发、落地，如饮食、豆腐干、酒这些都应该去努力研发。以白酒产业为例，可借鉴红酒产业研发体系，通过科研提升白酒产业的全面发展。同时，要加强招商引资，防止产业园区被荒废。

第三，对金融支持体育健康产业的看法：

一是要鼓励本土的金融机构，选择一批有从业经验的金融人才去研究落实，通过实践来提升自己的经验，并且要加以总结提升。

二是与国内金融院所合作，吸收海外健康金融支持健康产业发展的案例，然后根据宜宾的本土情况创建创新金融产品的研发理念。

三是增强与在金融领域具有优势的高等院校的沟通，但是沟通的目的不是拿来主义，而是要跟本地产业协作，开发本地案例，培养本地人才。

中国人民大学财政金融学院李凤云副教授围绕体育健康产业的金融支持做了主题发言。

体育健康行业需要资本注入，应充分利用资本的杠杆发展体育健康事业。可以通过建立产业引导基金，吸引社会资本进入大健康大体育产业。

由于资本有不同的类型，投资回收周期各不相同，需要分别判断哪些社会资本与大健康产业更为契合，并用产业投资基金去引导这类社会资本一起投入。同时，社会资本是主力，要有收益才可以。对于社会资本来说，产业收益与产业风险是相匹配的，只有做好收益预期的估算，社会资本才能选择出契合的产业去投资。例如，首创文化公司，盈利模式为什么能获得高增长？会有哪些政策支持？优势在哪里，是不是可持续？未来会带来什么样的收益？靠什么去盈利？这些都应该给投资者讲明白。

清晰的发展前景才能获得金融的支持，同时要理解不同的金融机构有不同的风险收益偏好，需要去吸引不同风险收益偏好的投资者来进行投资。

中国人民大学财政金融学院黄继承副教授围绕体育健康产业消费问题做了主题发言。

其一，体育健康产业作为可选消费和经济发展的关系。竞技体育的市场在欧美比较大，我国主要是休闲体育市场。休闲体育有个特点，它不是必需品，而是一个可选消费。而可选消费最典型的特点就是它和收入有关。当群众收入到达一定阶段之后，才会进行可选消费，才会想要提升生活品质。因此，可选消费跟经济发展所处的阶段有关。在我国，只有经济发展到一定程度之后，体育产业才会兴起。

休闲的产业，包括体育、健康，它与群众收入有关，同时又会促进其他经济产业的发展，并且这种发展是顺势而为，刻意去提高反而不一定能够提升起来。

其二，宜宾发展大体育大健康产业的对策。体育产业发展应当关注服装和鞋子生产行业。通过去瞄准特定的客户，体育方面的鞋服产业可以做得很大。宜宾在发展健康旅游产业时，一是要做到旅游景区交通便利；二是要保证景区酒店干净、安心；三是要加强景区管理。蜀南竹海的道路硬件条件很好，有能力接待众多游客，应当充分利用优势，"走出去"学习黄山景区的管理方式，提升蜀南竹海的吸引力。同时，要注重健康医药产业的规划，医药产业是涉及面特别广的产业，能够细分出很多发展领域，宜宾应当深度挖掘医药产业潜力。

北京体育大学体育商学院马天平副教授围绕宜宾的符号定位做了主题发言。

一是宜宾在全国的符号感非常重要。比如说到五粮液就想到宜宾，所以标志性东西很重要，它基本上可以在一定程度上影响整个地域。

二是宜宾对自身符号要有取舍。宜宾自我定位的符号较多，但是针对产业发展要有取舍。例如，在绿色、生态、健康方面进行叠加，再加上各种旅游基地反复打磨，反复强化，这样特色才会显现出来，依托宜宾在长江沿岸的自然优势，可以打造休闲旅游符号，通过宣传扩大影响力，吸引外地游客来宜宾游玩。

三是通过宜宾文化的沉淀，做好第三产业的发展。坚持走绿色健康发展的道路，随着社会老龄化的加剧，健康生活成为人民追求的目标。宜宾得益于优异的绿色资源，在未来几十年很可能超越原有的工业化发展模式，在绿色健康的行业领域实现突破式发展。

战略、文史专家王鼎杰围绕基础教育与体育健康的关系做了主题发言。

基础教育的核心就是三大支柱——语文、数学、体育，其他的都是拓展性的。体育为什么是三者之一？因为体育体现了团队精神，体现了领导力。同时，从深层次来看，体育和健康的关系很紧密，因为大健康就是一个人的综合性的健康，它包括精神、心理，包括人和人之间肢体的摩擦和碰撞，这也是一种成长和训练。体育教育的本质不仅是在体育本身，还关系到语文和数学最基础的素养奠定。

宜宾做体育健康产业的最大的优势在于"成本"低，具体体现在打破壁垒的成本低，应当充分发挥地方政府的力量，帮助有潜力、有想法的企业走出去，形成孵化基地，并对其进行宣传和推广。

南溪区教体局总督导邓华峰结合南溪区大体育大健康发展情况，对宜宾大体育大健康产业发展提出建议。

目前南溪大体育大健康发展的不足：

一是基础设备、基础设施还比较薄弱，虽然说南溪有"一场一馆一中心一池"，但是距离发达地区还有较大差距。

二是南溪体育人才缺乏。全区共有专职体育教师250多人，社会体育指导员1100余人，人才队伍差距还是比较大。

三是南溪体育产业与发达地区还有较大差距，体育产业对整个区的GDP的贡献率不到5%，差距还很大。

推进宜宾大体育大健康发展的建议：

第一，在顶层设计上，需要出台高规格的实施意见，从政策上、制度上、激励的机制上做一些考虑，充分调动和激发市场的活力，多方位促进体育事业的发展。

第二，在规划布局上，按照"体育+健康"主题，结合长江第一湾体育赛事中心的特殊生态开放共享理念，进一步完善南溪体育设施的规划建设。

第三，在项目建设上，依托高职园的长江体育赛事中心建设，力争在三年内建成"国际化"的体育赛事中心，布局南溪田径运动、自行车运动、马拉松运动，以及相应的篮球这类的运动赛事，但是现在只是停留在规划上，需要项目建设加快推进和人力配置加快推进。

第四，在市场的运作上，坚持政府主导、市场主体发挥核心作用，加强配齐体育产业的配套设施，借势借力促进体育产业的做强做大。

南溪区人民政府副区长邓伟从人的需求角度出发，讲解了大体育大健康产业的发展。

人的需求到底是什么？任何产业的发展，甚至于任何经济活动的发展，它一定有一个根本目的，或者说有一个评价标准。经济发展和产业发展的本质在于能不能满足人的有效需求，能满足人的需求，能满足人更多、更好的需求，发展的水平就比别的地方高。

在市场中，人的需求体现在两个层面：一是消费能力，二是消费需求。人的消费能力其实是不断提升的，因为人的收入总会增长，而消费能力的增长不一定会直接带来消费需求的增加。虽然人的消费能力不断提升，但是消费需求不是自然增长，而是供给发展所带来的效果。国家推行供给侧结构性改革，正是因为人的消费需求会受到供给的牵引。

体育产业发展的本质是什么？就在于能否有效带动体育需求。没有需求，发展就是一句空话。发展的关键不在于体育场和体育赛事的数量，而在于有没有催生出一个稳定的、持续的针对体育方面的需求，这个需求一旦稳定催生出来了，那么围绕着它的产业才能够建立起来。

例如，电子竞技项目。原本电子竞技项目并不成规模，受众较少，但是后来电子竞技项目成长起来了，它有可能催生出一个新的市场。只要找准了需求，产业导入才能有的放矢，需求一定是创造先进的需求、创造前沿性的需求，而不是重复以前老旧的需求。

体育健康产业具有前瞻性，因为能够满足大家对于身体健康的需求。体育健康产业建设应当瞄准前沿性的、能够更好地满足人们未来的长远需求的项目，这样才能成为一个有生命力的、有发展前景的产业。

宜宾首创文化传媒有限公司董事长庞敏建议培养当地体育人才，把外地体育人才引进来的同时留得住本地体育人才，使得体育人才的基数变大，促进体育健康产业发展。

长江经济带研究院院长涂永红教授做了总结发言。

"十四五"期间，如果中间没有重大的逆转，我国将迈过"中等收入陷阱"，届时我国的中产阶级的人数可能就是全球最多的。体育和健康的发展是跟收入相关的，当我国居民收入水平提高后，可选消费很可能成为必选消费。体育和健康产业，特别是体育产业就很可能成为支柱产业。

应当通过发展地方经济来抓住体育和健康产业发展机会。特别像南溪基础很好，规划体育赛事、体育基建，发展"体育+"。如将南溪豆腐干、燃面这一类健康食品和大健康的理念结合在一起，并且与体育赛事活动结合在一起，打造出自己的特色，同时坚定不移地打造体育消费、体育休闲、体育旅游示范城市。打出区域品牌，吸引人流、资金流、产业流。同时，产业园区、高职园区多为体育发展、健康发展服务，培养专业的体育人才。

围绕着"长江首城，宜人宜宾"口号，把促进人的健康、让人快乐幸福等文化的理念都能够统领在口号概念下面，精准定位，给外地游客一个更多的来宜宾的理由，创造宜宾新繁荣景象。

长江经济带思想沙龙

（第 6 期）

推动长宁产业发展融入三江新区和双城经济圈

2021年7月20日，长江经济带思想沙龙（第6期）在宜宾长宁举行。本期思想沙龙由长宁县人民政府与中国人民大学长江经济带研究院主办，以"推动长宁产业发展融入三江新区和双城经济圈"为主题开展讨论。长宁县委书记徐创军带领县府办、县金融工作局、县人行等多个部门出席会议，与中国人民大学长江经济带研究院院长涂永红教授、中国人民大学商学院、中国经济史研究中心特聘研究员王晓明，中国人民大学财政金融学院戴稳胜教授、张文春副教授、罗煜副教授，北京城市学院经济管理学部吴雨微组成的专家组围绕会议主题进行了充分研讨。

会议由长宁副县长李伟主持，中国人民大学财政金融学院多名博士以及中国人民大学长江经济带研究院相关负责人列席旁听。

长宁副县长李伟向专家组汇报了长宁融入三江新区和成渝地区双城经济圈建设的相关情况，主要分为以下几个方面。

第一，对长宁的基本建设情况进行了说明。一是长宁的基本县情。李伟副县长介绍了长宁的行政区域划分、人口、竹林面积等情况。重点围绕长宁旅游资源禀赋进行了汇报，包括国家级旅游景区、旅游示范区、旅游名县的建设情况，并对长宁的历史文化进行了简要的介绍。二是长宁的经济产业发展现状。李伟副县长从长宁产业结构、交通建设、城镇建设、金融服务四个方面进行了详细的介绍。

第二，着重汇报了长宁融入宜宾三江新区和成渝地区双城经济圈情况。一是融入区域发展特点显著，主要体现为顶层设计具有前瞻性、产业规划具有互补性、同城发展具有趋向性。二是区域合作初见成效，包括协同推进产业配套、深度推动文旅融合、互联互通交通路网、共育共享人才资源、创新推进制度衔接等方面。三是面临的问题和困难：①"三区保护"政策限制发展，长宁是长江上游生态屏障的重要组成部分，受国家级自然保护区、国家级风景名胜区、长江上游珍稀特有鱼类国家级自然保护区"三区保护"政策和长江经济带发展负面清单的约束和限制；②陷入被边缘化的困境，中心城市"虹吸效应"和城市群"极化效应"对高端要素吸纳集聚能力加速增强，助推了长宁人口、投资、就业机会的加速流出，发展处于被边缘化的境地；③自身发展引擎动力不足，经济基础和发展水平相对滞后，传统产业占比大，新兴产业体量小，企业规模总体较小，核心竞争力不强，辐射带动作用不够，三产融合发展程度较低，产业生态、产业结构、产业体系仍处于成长期和调整优化期。

第三，从加快产业发展协同、加快交通设施协同、加快产教一体协同、加快城镇建设协同、加快旅游业态协同、加快开放平台协同六个方面介绍了长宁在融入三江新区和成渝地区双城经济圈后的下一步工作打算。同时恳请专家组提供"四个帮助"：帮助推荐长宁纳入宜宾三江新区、成渝地区双城经济圈等区域协同发展有关规划，并争取相关优惠支持政策；帮助指导长宁产业发展规划布局，立足资源禀赋和产业基础，提高现代竹产业、生态文旅等产业发展质量和核心竞争力；帮助长宁扩大对外合作交流"朋友圈"，推荐长宁与更多院校企业合作交流，擦亮长宁特色名片，提升长宁知名度和影响力，推动优质产品"走出去"，优质企业、资源"引进来"；帮助引进高校与长宁开展县校合作，搭建长宁与宜宾大学城开展合作的平台和渠道。

中国人民大学商学院、中国经济史研究中心特聘研究员王晓明听了李伟副县长的汇报后，首先提出竹产业与竹文化的发展关系不能分割。从长宁发展实际情况来看，要重视"竹"的发展，打造类似"长江竹都"的特色竹产业；竹文化和竹产业要联动发展，竹文化的发展要联系竹产业发展，二者不能分割，否则会发生脱节。竹产业的发展应当先有主题化的定义，再从竹产业本身的角度去深化、挖掘、产业链化，并且构建一个体系化、完整化的标准。长宁可以借鉴德国、英国、日本特色小镇的发展模式，明确产业跟文化符号之间的支撑关系并互相联系。

随后，王晓明研究员提出竹加工做产业布局的时候应当进行两类布局。一类布局是产业园，引入现代化的生产机制和先进的管理理念集中化布局产业园；另一类布局要实现与乡村振兴战略相衔接，通过乡村振兴来完成与手工制作或饮食相关联的竹产业的布局。通过竹产业加工与乡村振兴和现代化产业园进行串联。同时提出竹文化和竹产业在发展时，应当设计出优先项和次优项。可以通过优先项的打造，把其他要素纳入良性循环，急于遍地开花并不适宜。

最后，王晓明研究员提出长宁融入宜宾三江新区和成渝地区双城经济圈应当遵循三个原则。第一个是功能化，做整体的规划的时候，明确区域的功能，锚定现在和未来能承担的功能，需要对功能性有清晰的认识；第二个是差异化，避免同质化的问题，包括拉投资、做产业园都是同质化的方式，怎么去摆脱同质化，形成差异化，需要深度挖掘自身优势；第三个是链接化，体现在两个层次，一个是环节，另一个是通道，通过什么样的环节能形成跟三江新区或其他区域的链接，利用什么样的通道能使得链接能够变成产业沟通的纽带，需要认真考虑和分析。

中国人民大学财政金融学院戴稳胜教授对打造县区名片和产业定位谈了看法。戴稳胜教授建议，长宁在融入三江新区和成渝地区双城经济圈建设时应当有一个清晰的角色定位，然后要把个性化名片打出去，例如常熟，常熟编制的旅游顺口溜让全国人民逐渐了解常熟。随后，戴教授建议长宁可考虑发展食品加工业、旅游工业，做深做细竹工艺品加工产业，提升竹工艺品的艺术设计感，让游客亲自参与竹工艺品、凉糕等特色食品的加工，形成互动经济效益。旅游、食品深加工方面要突出设计性和整体性，不能进行要素独立分割，需在提升产业附加值方面多做文章。

中国人民大学财政金融学院罗煜副教授围绕旅游发展、竹产业集群、康养产业等方面进行了发言。罗煜副教授指出，其一，在现代数字经济时代，长宁旅游发展应打造出新IP，贯彻"大旅游"的理念，将自然景观和人文景观结合，吸引更多的游客多次来长宁旅游，打造成渝地区的"后花园"；其二，打造竹产业集群，将重心放在竹工艺设计上，打造全国竹工艺技术创新中心，吸引相关高校、科研院所来长宁办学，通过技术创新引领竹产业发展；其三，利用长宁优异的绿色资源禀赋，在当地举办与康养相关的会展论坛，打造一个永久性的论坛所在地，吸引企业、高校、科研院所来长宁开会，对接实体项目，与绿色低碳、文旅、工业设计等产业有机结合。

中国人民大学财政金融学院张文春副教授结合长宁实际情况，以浙江千岛湖的绿色创新项目为例，围绕财政补偿机制方面发表了讲话。张文春副教授指出，长宁不仅要保护好绿水青山，还应该积极向上争取生态环境的财政政策，拥有生态的奖补机制显得非常重要，特别是形成与长宁主体功能区布局相适应的绿色财政的发展格局，未来长宁可以积极争取推动这方面的工作。

北京城市学院经济管理学部吴雨微从长宁优势资源利用的角度提出了建议。

一是依托竹资源，开发长宁特色IP，打造自己的文创品牌，可以利用竹纤维设计和制作相关的产品，让游客到了竹海能够带走有设计感的特色产品。

二是发展体验式旅游，继续挖掘深度旅游，可以结合宜宾和周边城市的饮食习惯，挖掘深度旅游项目，同时打造亲子项目、体验式旅游项目。例如，可以让游客深度参与挖笋活动以增加旅游的互动性和趣味性。从年轻人的角度出发，开发出年轻人喜爱的旅游项目，如剧本杀之类。同时注重流量营销，把周边流量资源引到年轻人的需求和旅游方式的需求上，借助"小红书""抖音"等互联网平台进行宣传。

三是实现医疗资源的互通机制，充分发挥长宁康养资源，在中高端养老产业上继续发力，与行政区和经济区实现医疗资源的互通机制，定期邀请优秀的医疗团队来到长宁，做高质量的康养服务。

中国人民大学长江经济带研究院院长涂永红教授围绕长宁主导产业发展、食品精深加工、融入三江新区、金融服务、碳交易等方面发表讲话。涂永红教授指出，一要明确主业，将有限的资源投入主导产业，抓住"牛鼻子"。二要持续深挖竹产业和旅游资源，更进一步形成完整的产业链，做好竹子的精深加工，提升产品的精品附加值。将特色产业链做大做强，培育产品知名度，将产品的营养健康因素做足做透。在旅游方面，提供更具特色的旅游服务，如举办摄影大赛、书画赛事等，提供更好的旅游设施和服务以提高旅游增值收益。三要演好自己的角色，在融入三江新区及成渝地区双城经济圈的过程中，明确自身定位，在整体产业链上积极创收，如全市及其他区县举办赛事、会展活动，长宁提供优质产品等。通过县域分工，充分发挥长宁特色优势。四要落实"双碳"目标，发挥长宁森林资源优势，利用碳排放配额交易，创造更多的绿色资产。

涂永红教授提出愿景，希望与长宁在共建实习基地、科研基地方面加强合作，为长宁开拓资金融通的渠道，共同研究总结长宁经验和模式，助力长宁融入三江新区和成渝地区双城经济圈建设。

长宁县委书记徐创军做了总结发言，首先对专家组的到来表示衷心的感谢，对专家组提出的建议表示了高度的认可。随后，徐创军县长对长宁下一步通过金融力量助推产业发展的规划进行了介绍，包括联系私募基金，建设西部私募小镇。最后，徐创军书记希望中国人民大学的专家教授能够一如既往地关心长宁，为长宁的建设发展提出更多的真知灼见。

长江经济带思想沙龙

（第 7 期）

国际经贸形势分析及宜宾南向开放策略

　　2021年7月21日，长江经济带思想沙龙（第7期）在中国人民大学长江经济带研究院会议室举行。本次会议由中国人民大学长江经济带研究院主办，主题为"国际经贸形势分析及宜宾南向开放策略"。会议特邀中国人民大学商学院、中国经济史研究中心特聘研究员王晓明，宜宾市商务局局长曹杨做主题演讲，会上中国人民大学经济学院教授、海南省委政策研究室副主任（挂职）罗来军，中国人民大学财政金融学院戴稳胜教授、张文春副教授、李凤云副教授、罗煜副教授，长江经济带研究院执行院长万永春，西南财经大学长江金融研究院院长助理杜世兴，宜宾市经济合作和外事局产业发展规划科副科长刘正旗，宜宾市发展改革委区域合作科副科长祝榕澧分别就会议主题和有关问题进行了交流分享。会议由宜宾市委政研室副主任杨莉主持。中国人民大学长江经济带研究院院长涂永红教授做总结发言。

　　中国人民大学商学院、中国经济史研究中心特聘研究员王晓明从国际经贸形势、区域微循环与域外大循环等方面做了主题发言。

　　首先，王晓明研究员对国际经贸形势做了五个判断。第一是以美国为代表的传统西方势力进入急剧下降阶段，世界进入"战国时代"，将直至新的国际秩序形成。当前世界处于不稳定状态，各国合纵连横变化不断。在此背景下，我国外贸发展出现了新机遇，包括进出口、跨国投资等方面，我国可能正在考虑新的战略安排。

第二是我国与美国等西方国家的战略摩擦会成为常态，但影响是短期的。因为世界经济已经结构化了，无法彻底脱离美欧发达国家。该类国家经济长期金融化，实体经济空虚，劳动力关系失衡，我国只要保持健康的经济状态，便可应对任何威胁。

第三是对我国而言，潜在的竞争对手有两种类型。一种是诸如印度等资源和人口大国，技术水平和消费潜力都比较强，一旦这类国家采取了合适的发展模式，就会同我国一样快速发展。所以我国需要考虑未来的产业发展，一定要跳出或者超越限制圈。另一种是诸如越南等发展中国家，拥有廉价的劳动力，还有需求的动力，再加上西方贸易政策和资本政策、我国劳动力成本上升、我国资本转移等，它们会成为我国制造的替代者，会使国内资本进一步转移。

第四是疫情对我国而言成为新的机会，它打乱了美国的战略布局，影响了其他国家的经济节奏。我国应及时充分利用这个契机加快转型升级，进入新发展模式。

第五是要摆脱过往依赖廉价劳动力、外来资本、政策红利以及需求动力所形成的传统发展模式。在当下以内生经济、数字型经济、竞争性经济为主导的格局中，完善自身经济关系体制，培育优势竞争力，是我国现阶段最核心的发展要点。

其次，王晓明研究员围绕区域微循环与域外大循环的有机结合进行了阐述，指出区域微循环要与域外大循环形成衔接，与当地经济带形成产业链关系，要建立在优势资源的基础上，改善贸易循环的扩大面与增长面；指出区域微循环与域外大循环要体现出"能"和"通"，"能"是指为内循环提供相应的支撑力，"通"是指内和外要有充分的联系，应当对自身的资源和能力进行有效梳理，防止建设经济的空中楼阁或市场关联性不大的产业。

最后，王晓明研究员针对资源产业化发展提出五条原则。一是优势化，地方发展要找到优势、扩大优势、创造优势，优势是城市竞争力最核心的东西，体现出优势就可显现出与其他城市的不同点和强项，合作商就会主动前来投资。二是差异化，差异化发展既是产业竞争的需要，又是产品竞争需要，也是城市竞争的需要，甚至是政治竞争的需要。三是产业链化，产业链化是产业生态化的基础，产业生态化不仅涵盖了企业的盈利、税收等方面，而且涵盖了就业、生活和可持续发展等方面，包括地方支援乡村，包括空气质量等。四是市场契合化，政府应当在政策面上给予有效的指导，包括市场资源、就业需求、区位、技术、资本等平台，让企业在平台体系里面就能实现市场契合化。市场做得好，企业效率就高，政府效率也高，整个产业的生态的效率都高。五是加强化，意义在于扶优汰劣、积小成大、积弱成强，抓龙头，树核心典范。应当选择优质龙头企业并给予其一定资源，使其形成一定规模。要想参与国际竞争，要想航行到更大的市场竞争海洋，小船必须得变成航母。

宜宾市商务局局长曹杨以"南向开放引领宜宾开放之路"为主题发表了演讲，围绕世界经济总体形势、我国当前国际经贸形势、宜宾外贸发展基本情况、全力打造南向开放门户的路径四个方面进行了阐述论证。曹杨局长指出当前世界经济总体形势呈现出经济快速复苏和国际贸易触底反弹的总体态势，我国当前国际经贸形势为贸易规模和国际市场份额均创历史新高；市场多元化成效明显，区域布局更趋均衡。同时面临了国际国内的诸多挑战，包括世界经济复苏缓慢且不均衡、全球疫情发展面临较大不确定性、主要经济体宽松政策效应持续外溢、全球产业链供应链布局加快重塑等。

曹杨局长重点讲解了宜宾外贸发展的情况，他指出目前新兴产业成为宜宾对外贸易的重要支撑，开放平台成为对外贸易的重要动能，南向开放成为对外贸易的重要方向。关于宜宾如何全力打造南向开放门户，他提出了五点建议。

一是加快南向通道建设。曹杨局长从短期、中期、长期不同的视角分析了开行南向班列、建设泛亚铁路中线昆曼铁路、打造长江经济带连接中缅经济走廊的通道的必要性和可行性。

二是发挥开放平台优势。要发挥高能级平台的带动作用。充分发挥综合保税区、国家临时开放口岸、进境粮食指定监管场地、四川自贸试验区协同改革先行区等各类开放平台的作用，争取在南向合作方面创新方式、创新制度、创新政策，有效促进宜宾与南向国家的经贸合作。要发挥展会平台的推广作用。精心策划实施"万企出国门"活动，创新展会模式，积极组织企业参加中国—东盟博览会、中国—南亚博览会等国际展会，进一步拓展南向市场份额。

三是主动拓展重点市场。将巴基斯坦、印度、澳大利亚、孟加拉国、越南等国家作为南向开放重点目标市场，推进国际供应链市场对接，鼓励外向型企业加快构建国际营销体系，加强与协会机构、侨胞及知名华人等的合作交流，主动参与中国—东盟贸易合作，有序推进与东南亚、南亚国家开展经贸交流，加快融入南向自由贸易网络，优化贸易格局。

四是聚焦培育拳头产品。把纺织品、化工产品、食品饮料等现有重点产品和电子信息、新能源汽车等宜宾新增优势产品作为向南向国家出口的重点产品，把矿产品、农产品和木浆等原材料产品作为进口重点产品，加大宣传和培育力度，不断扩大双边经贸规模。

五是全力拓展合作领域。在教育领域、旅游领域、投资领域持续拓展。充分利用留学生资源，打造面向南亚、东南亚以及"一带一路"共建国家的来华留学生基地；争取成为"澜湄区域对话·教育合作论坛"的永久举办地；通过筹建"中国—澜湄五国高校联盟"深化教育文化领域合作；依托宜宾丰富的旅游资源，结合南向国家发达的旅游业优势，探索建立旅游联盟，争取把宜宾作为南向国家旅游目的地；加强与南向国家在旅游资源宣传、旅游人才培育、旅游团队服务等方面的合作与交流；以RCEP（《区域全面经济伙伴关系协定》）的签署为契机，扎实推动与RCEP相关区域、国家的协同开放。支持有条件的企业设立境外产业园区；推动"引进来"和"走出去"相结合，积极承接南向市场的优势产业，促进双向优势互补、协同发展。

中国人民大学经济学院教授、海南省委政策研究室副主任（挂职）罗来军围绕南向开放战略和RCEP、CPTPP（《全面与进步跨太平洋伙伴关系协定》）进行了发言。罗来军教授指出，虽然中央层面还没有对南向开放战略有单独的深层次设计，但是南向开放的节点城市应当提前谋划，占据发展的制高点。我国的南向开放战略已经受到了新加坡、越南等东南亚国家的高度关注，所以国内节点城市也应当重视南向开放未来的发展战略。随后，罗来军教授指出，在建设南向开放时，应当关注RCEP和CPTPP，这两个协定表明了我国和东南亚方向的市场合作肯定会进一步加深，是我国推进南向开放的主要的战略指向和建设指向。罗来军教授还指出，南向开放的建设应该从两个角度去推进。第一，RCEP以及CPTPP等协定，它们涉及投资的规则、贸易的规则以及关税的减免，带来了很多新的变化。我们要有新的规则、新的政策。第二，基于新规则，如何根据区域市场需要谋划各个国家间的合作，需要考虑的不仅包括产业的开放、投资的开放、文化的开放，还有思想意识的认同等方面。

中国人民大学财政金融学院戴稳胜教授围绕国际经济环境发表了演讲。戴稳胜教授指出国际经济发展受人的因素影响很大，但是欧美国家经济的下行，严重制约了国际经济环境的良好发展，因此在未来一定时间内，恐怕全球经济危机还有可能爆发。同时欧美国家在疫情期间试图重整全球产业链，与我国产业链进行割裂，但是欧美国家的经济结构、社会文化、政策，到目前为止没有奠定一个很好的经济复苏基础，因此全球经济的快速复苏是暂时的。戴稳胜教授同时指出，我国在目前疫情全球大范围流行的形势下，应当夯实基础，转型升级。疫情对全球的影响成了一个机会，它打乱了欧美战略布局和节奏，要利用好机会去转型升级，而不是再像过去一样采取产业常规发展模式。要建立起自己的经济内循环圈，最好的循环就是能把东南亚、北亚、欧洲都包括在内，形成内循环经济圈，并且持续做好产业转型升级。

最后，戴稳胜教授指出，宜宾的发展路径应与国家战略紧密配合。

宜宾应当继续发展好和产业升级配套的教育培训，为国民经济的发展修好内功。从宜宾地理区位来看，希望宜宾能打造面向"一带一路"共建国家建设的物资调运调配基地、现代物流集散基地。

中国人民大学财政金融学院张文春副教授对国际资本流动开展了讨论。首先，张文春副教授指出，受疫情的影响，全球的国际治理的格局和秩序在发生变化，全球的经济活动萎缩，无论是并购还是投资都在大规模下降。同时，中美关系、中俄关系以及周边关系都比较复杂，我国外部环境持续恶化，及时发出中国声音，讲好中国故事，在现阶段非常关键。

随后，张文春副教授指出国际资本流动格局正在发生变化，例如美国的制造业回流对国际资本流动形成了非常大的影响，据联合国推算能影响到2.4万亿元的国际资本流动。特别是国际征税的方式也会发生部分变化，过去公司必须在总部所在地或者在注册地缴税的方式将会被其他方式取代。同时国际税收竞争的压力越来越大，主要是各国都在使用低税率和优惠政策来吸引外资。

最后，张文春副教授以"合肥模式"为例，提出宜宾发展应当"一张蓝图绘到底"，把目前所坚持的东西持续做好，未来宜宾领导们应当将发展思路延续传承，避免出现规划"急转弯"的情况。

中国人民大学财政金融学院罗煜副教授分析了国际经贸环境、宜宾产业发展等相关问题。首先，罗煜副教授提出，目前美联储的资产负债表已经达到了历史性的8万多亿美元，对于经贸行业影响很大，此外美元汇率的变化对一些利润很高的行业影响也很大。因此，要时刻关注类似的国际经济形势，它会对人民币汇率和美元汇率产生影响。目前我国在推动人民币国际化，实际上现在是一个机遇。罗煜副教授指出，如果把宜宾放在"一带一路"南向通道的关键节点城市的定位上，在当下中国与美国等的西方发达国家关系紧张的情况下，宜宾特殊战略地位就会体现出来。因为宜宾在南向通道上，能够保证另一条原油运输、贸易运输通路的安全，即使在运输线被切断或者出现问题之后，也能够保障连通西部和南部。宜宾应当将该战略地位的重要性进行宣传，体现出宜宾在南向通道上的特殊价值。

最后，罗煜副教授指出，在疫情期间，我国的进出口贸易实际上有很大的提升，但这只是临时性的。部分外贸订单从越南等地重新回到了国内，影响了我国产业升级的正常进行，需要加以警惕。我国要将重心回归到产业升级上来，不能仅着眼于短期利益。

西南财经大学长江金融研究院院长助理杜世光做了关于"做好跨境金融服务 支持宜宾经济'走出去'"的专题发言。他强调，金融是现代经济的核心，经济的发展离不开金融的支持，发展对外贸易更离不开金融的全方位服务。金融支持企业"走出去"，提供的主要服务是融资、清算与支付、风险管理和顾问咨询。受西方主要经济体贸易保护主义和全球疫情等诸多因素影响，我国外贸近年来承受着一定的下行压力，金融机构在如何促进对外经济发展方面也面临新的挑战。宜宾金融行业起步较晚，虽近几年金融基础设施建设不断完善，综合实力有所增强，但全市金融结构、贸易融资供需结构不够合理，企业融资难、融资贵问题仍较为突出，银行贷款仍是社会融资规模的绝对主力，中小企业对外贸易贡献逐步上升，融资需求日益增长，但难以达到现有融资业务要求，因此，宜宾亟须改善金融环境，提高金融服务水平。

宜宾市经济合作和外事局产业发展规划科副科长刘正旗谈了"三个定位"的问题，分别为观念定位、宜宾定位、宜宾产业定位。他提出，在观念定位方面，经济发展离不开政治因素，宜宾经济发展要紧跟着中共中央、省委、省政府的决策定位。在宜宾定位方面，宜宾现在提出来要如期建成四川省经济副中心，更长远的目标是在成渝地区双城经济圈建设副中心，因此人口、科教、经济、工业、商业，都是对宜宾定位建设的影响因素。同时在产业发展上未来可能会有这样的趋势，即产业整体分散、相对集中。现代交通、信息交换速度、国家政策、乡村振兴等共同在推动这种大背景、大趋势的形成。在宜宾产业定位方面，应当坚定不移地实施"双轮驱动"战略，继续加大对新兴产业的补贴与投资，让新兴产业成为宜宾经济发展的强有力支撑。

宜宾市发展改革委区域合作科副科长祝榕澧围绕宜宾强化南向开放合作提出了六点建议。一是提升全市综合交通枢纽的功能。从铁路、公路、水运还有航空等方面构建互联互通的交通网络，发展通道经济和枢纽经济，争创全国性的交通枢纽城市、全国性的枢纽港、西部陆海新通道的重要节点城市。二是要全力打造高能级开放合作平台。加快三江新区的高质量发展，推动宜宾综合保税区的高水平运营，推动各类开发区高标准建设。三是要提高展会国际影响力，提升中国国际名酒博览会、国际茶叶年会、国际消费品工业博览会等特色品牌展览会国际化水平，扩大对外辐射力、影响力。四是全力发展开放型的现代产业。实施乡村振兴、产业发展、双轮驱动战略，加快构建智能终端、高端装备制造、新材料、精细化工等千亿产业集群，从演练、苦练、强练着手打造世界级的产业集群。五是提升现代服务业，全力推进区域金融、消费、大数据、现代物流、文化旅游等农村建设。六是全力优化营商环境，打造更具国际化的贸易环境、更便利的政务环境、更自由的外商组织环境、更法治的市场环境。

从六个方面加强自身建设后，宜宾应主动与南向开放节点城市在商贸物流、文化旅游园区建设等方面加强合作，特别是加强南向开放，让沿线国家或地区的贸易往来达到开放共享、合作共赢的目的。

中国人民大学长江经济带研究院院长涂永红教授进行总结发言，在当前世界格局下，对我国来说是机遇大于挑战，应当抓紧以下两个机遇。

一是抓住产业格局调整的机遇。产业升级、产业转移、国际产能合作等大方向都在发生变化，国内大循环如何循环起来是个重要的命题。国内产业具有劳动密集型、资本密集型、技术密集型等多个类别。不是只留中高端产业，或者只留技术密集型和资本密集型产业，我国产业体量大，国内东西部差距大，南北差距也有，所以在外部环境恶劣时，靠国内的腾挪是有空间的，对于我们来讲是一个机遇。同时，宜宾产业定位特别符合国家产业发展的大方向。以前提的是整个中国经济结构的升级，把第三产业做大，把金融做强。但这次疫情也告诉我们，整个工业不能丢。因此，国家已经明确提出，制造业的份额不能降低，工业还是以制造业为大。宜宾作为四川的制造业中心，实际上有很大的优势。如果宜宾有很强的制造业、比较好的产业结构，就会有持续发展的坚定基石。在产业结构调整时，要关注国家重大政策的变化，还有整个格局的变化带给宜宾的机遇。

二是抓住南向开放的机遇。在形成国际大循环的过程中，包括东亚循环，对我国的经济金融安全具有重大意义。而宜宾正好在南向开放的区位里，具有较大的优势。宜宾产业的发展，包括大学城建设，要实施南向开放战略，抓住这个机遇，培养东南亚在华留学生。积极把东南亚的产业绑在宜宾的产业里，同时利用三江新区、成渝地区双城经济圈等高能级开放性平台，发挥支撑作用，承接南向开放建设的重任，抓住南向开放的重大机遇。

同时，涂永红教授指出，近10年来，在东南亚地区，人民币逐渐成为多个东盟国家的主要结算货币，人民币的汇率波动会影响该地区的货币政策。因此，在进行贸易时，可以规避美元，用人民币与这些国家进行结算，这样东盟经济和我国经济会绑得更紧，未来投资和贸易会更加便捷，对我国更有利，这些优势都要抓住。

长江经济带思想沙龙

（第 8 期）

长江经济带绿色创新发展指数评价

2021 年 8 月 25 日，长江经济带思想沙龙（第 8 期）采用线上的参会方式成功举办。本期思想沙龙以"长江经济带绿色创新发展指数评价"课题的中期评审会为平台，围绕"长江经济带绿色创新发展"主题展开了讨论。

中国人民大学财政金融学院党委副书记钱宗鑫教授，中国人民大学长江经济带研究院院长涂永红教授，中国人民大学财政金融学院戴稳胜教授，中国人民大学财政金融学院何青教授，中国人民大学统计学院李静萍教授，中国人民大学统计学院吴翌琳教授，中国人民大学财政金融学院郭彪副教授，中国人民大学环境学院王克副教授，中国社会科学院金融研究所助理研究员张策作为课题组成员与生态环境部环境规划院研究员、环境管理与政策研究所所长葛察忠，中国工商银行首席经济学家周月秋，国家科技评估中心科技成果与技术评估部部长张春鹏，中国人民大学环境学院蓝虹教授，中国科学院科技战略咨询研究院研究员姬强等多位知名专家共聚"云上"，结合长江经济带绿色创新发展战略对"长江经济带绿色创新发展指数评价"课题报告进行了评审。

中国人民大学长江经济带研究院部分研究员通过线上连线的方式旁听了会议。

中国人民大学财政金融学院郭彪副教授代表课题组对专家组介绍

了"长江经济带绿色创新发展指数评价"课题的研究情况，主要从绿色创新发展指数的思想内涵、绿色创新发展指数的框架、指标数据来源及说明、指标编制方法与结果四个方面进行了汇报。郭彪副教授在汇报中指出，长江经济带绿色创新发展指数是一个理论创新成果，立足高质量和低碳发展实践，从宏观视角综合经济、创新、生态环境等要素，课题从绿色创新投入和绿色创新产出两个方向进行了深入研究，对长江经济带110个城市的绿色创新发展情况进行评价。研究成果有利于系统了解不同城市的绿色创新发展水平，对比分析各个城市的绿色创新发展差异性和特色，进而为地方政府制定绿色创新发展战略相关政策提供便捷的参考依据。目前，已经编制形成2017—2019年长江经济带绿色创新发展指数，其中，长江首城——宜宾的排名逐年上升。

各位专家在听了郭彪副教授的汇报后，依次进行了发言。

中国工商银行首席经济学家周月秋指出，课题指标体系的设计比较科学合理，24个指标体系结构性非常好，整体看起来比较丰富、立体，指数预期应用前景应该不错，为长江经济带绿色可持续发展提供一个抓手，对政府绩效考核、债务评级有一定参考价值，并且提出以下三点修改建议进行完善。

一是国家战略和区域政策在长江经济带呈现较大差异，不同行政区等级和发展水平参差不齐。从应用层面来说，可以把区域间绿色创新外溢效果纳入考量范畴。二是长江经济带绿色创新发展指数的变化趋势。目前报告采用的是2017—2019年的数据，存在一定的回溯性。2020年的数据因受疫情影响，全年的变化和往年不一样。此外，目前处于"十四五"规划阶段，在"十四五"趋势性的研判分析中，可以对长江经济带绿色创新发展指数提前做一些预判。三是结合其他方面对绿色可持续发展理念进行介绍，使指数内容更加丰富，例如，联合国提出的可持续发展"十七条"，国家发展改革委推进的"长三角生态绿色一体化发展示范区"，中共中央、国务院支持的浙江高质量发展建设共同富裕示范区，中共中央、国务院支持的浦东新区高水平改革开放打造社会主义现代化建设引领区等，上述均包含一些绿色可持续生态发展的理念，可以考虑加入报告中。

中国科学院科技战略咨询研究院研究员姬强表示，长江经济带绿色创新发展指数评价中期报告内容已经比较完整，并且提出以下四点看法。

一是报告中针对长江经济带的指数与全国性的指数是否有差异，是否有本质区别，若有区别，应当详细阐述说明。二是应区分以往的指数与本指数的差异，对具体指标子维度的科学性和合理性进行进一步详细阐述。三是指标需要做共性指标和个性指标区分，并对绿色创新和绿色发展的指标进行区分。四是提出报告中几个指标需要重新斟酌。例如，制度创新需要找政策文本，才更能代表制度创新；媒体宣传类指标建议调整至其他指标维度体系中；投入和产出这两类指标维度应当能一一对应，形成一定的逻辑关系；报告中的很多指标是共性的，不同的指标对于整体的影响可能有偏差，应测评指标之间的平稳性，删掉有跳跃性变化的指标。

中国人民大学环境学院蓝虹教授提出，报告写得比较完整，符合现在长江经济带绿色发展的整体需求，并且提出了以下两点建议。

第一，报告中部分指标需要调整。比如制度创新中运用的党政机关报的相关关键词、绿色创新的频率和报道的频率等指标，可以代表一定层面的制度创新；当地是否出台法律法规，政策层次的相互比较，也很重要。

第二，绿色的界定。报告的投入指标主要选取的是创新投入，应该补充一定的绿色相关指标；产出指标里的绿色相关指标较多，已经比较具体。绿色金融里面有绿色信贷的数据，可把绿色金融的数据作为投入指标纳入其中，这个因素将很大程度影响当地的绿色水平，将其纳入有一定合理性。

生态环境部环境规划院研究员、环境管理与政策研究所所长葛察忠在听取报告后，提出以下四个建议供课题组参考。

第一，长江经济带绿色创新发展指数报告的目的是评价绿色创新发展，但是报告中没有明确绿色创新发展的定义，包括理论部分、思想内涵、框架构成，整体上没有体现出其基本的核心框架。创新评价可以在理念创新、技术创新、管理创新等方面再加以叙述。

第二，目前产出指标框架里的生态环境方面，很多成果不仅是因为创新带来生态环境的改善，但也可能是管理水平的提高，因此需要考虑跟创新的关联性。

第三，报告中的直观理论梳理部分，包括框架工程等理论，可以在借鉴前人的研究和创新的基础上，形成创新方式框架指标体系，或者借鉴一些其他的意见开展相关性分析。

第四，报告中的研究基础数据最好采用官方数据，以提高指标数据的可信度。或者在统计资料基础上，再去生成一个相关的指标数据，比去网站上收集整理数据更可靠。

国家科技评估中心科技成果与技术评估部部长张春鹏结合绿色技术创新、成果转化、金融支持等方面的研究工作，对课题报告提出以下四个优化建议。

一是全面研究国家政策。建议梳理分析党中央、国务院在"十四五"规划和2035中长期发展规划中绿色发展、科技创新、区域发展的相关要求，丰富本研究绿色创新的新形势要求，从顶层设计上指导指数编制。建议研究分析中发〔2015〕8号文，在坚持全面创新的基础上，把科技创新摆在国家发展全局的核心位置，明确本研究绿色创新重要内容之一是绿色技术创新，进一步体现绿色技术创新的内容与要求。建议研究分析《国家发展改革委　科技部关于构建市场导向的绿色技术创新体系的指导意见》（发改环资〔2019〕689号），该文件是国家绿色创新的重要基础性文件，其中很多任务点可参考作为指数指标。

二是充分落实"双碳"规划。习近平总书记指出，推进碳达峰碳中和是党中央深思熟虑作出的重大战略决策。长三角地区在实施"双碳"行动中承担并部署众多任务，建议本课题进一步研究长江经济带绿色创新发展中碳达峰碳中和相关任务内容与要求，设立地区碳交易量等相关指标。尽管这些指标对既往评价可能有困难，但是会成为未来发展的重要指挥棒，可作为分类评价指标。

三是分析绿色创新实践。目前课题分析了绿色创新发展的概念、理论等，研究基础很好。建议课题进一步研究绿色创新的具体国内外实践，包括联合国可持续发展目标（SDGs）、中国的可持续发展示范区、相关科技计划专项、绿色技术推广目录等，以及国家发展改革委、科技部、生态环境部等一些相关举措，可以选择性纳入指数指标。

四是完善指数指标体系。①创新制度3项三级指标中的宣传频率作为代表制度创新的指标，支撑程度偏弱，人均社会消费品零售额与绿色创新相关性偏低。②人力资本、基础设施、创新转化的二级指标，属于通用性创新投入指标，建议指标尽可能聚焦绿色创新，如重点实验室数量聚焦绿色技术领域（参考国家发展改革委文件）、万人拥有新能源汽车数量等。③二级指标权重要有所差别，目前每项二级指标下三级指标的权重较为明确，但各二级指标的权重尚不明确，需要充分考虑，建议突出二级指标中产出指标的权重，适当弱化投入指标。④进一步补充绿色发展的特色性指标，如碳交易量、绿色金融规模等，特色性指标很重要，对本指数区别于其他指数针对绿色创新的特异性很关键。

课题组成员在听取了专家的建议后，分别进行了回应。课题组表示将按照专家们的建议进行修改完善，尤其是有关指标体系的选择、权重的确定等方面；数据将尽量以官方统计数据为主，并且在"双碳"方面的数据统计刚开始，如何挖掘"双碳"数据，保证其权威性和可信度，课题组还需要进一步完善。

长江经济带思想沙龙

（第 9 期）

绿色金融发展与新型智库建设

2021年9月23日，长江经济带思想沙龙（第9期）在海南省海口市举办。本期思想沙龙由海南省绿色金融研究院和中国人民大学长江经济带研究院联合主办，双方围绕"绿色金融发展与新型智库建设"主题进行了交流。海南省绿色金融研究院管委会主任尤毅带领管委会主要的独立业务公司负责人与中国人民大学长江经济带研究院院长涂永红教授、执行院长万永春以及该研究院部分助理研究员就如何实现绿色金融发展、如何建设新型高端智库开展了深入研讨。

海南省绿色金融研究院管委会主任尤毅首先介绍了该研究院的基本发展情况及路径，对研究院的绿色业务进行了详细介绍，包括绿色基金、绿色产业园、绿色教育、绿色服务、绿色评价、绿色贸易、资产管理、绿色科技等板块，以及每个板块下的运营公司的模式。

随后尤毅主任与涂永红教授在深入交流后，双方认为新型智库建设最关键的是不能脱离了市场因素，不能过度依赖政府和政策的倾斜，系统性的政策理论研究离不开产业，离不开市场的实践。同时，绿色创新中所有的保险工具、信贷工具、债券工具都是"服务员"，需要对市场、对产业的特点进行充分的了解才能制定出更精准的金融工具，包括其他创新都是市场实践出来的产物。同时智库建设需要人才的充分保障。研究院，包括研究院下属的产业，想要成为引领中国乃至于引领全球绿色发展的标杆，要达到和实现这个目标，就需要具备更专业、更优质的人才，组建优秀的人才队伍。

涂永红教授在听取了尤毅主任及独立业务公司负责人的讲解后，介绍了中国人民大学长江经济带研究院的发展情况以及宜宾产业发展、人民币国际化、绿色金融发展、产融合作等方面的研究情况。最后双方针对本次思想沙龙主题达成了以下七点共识。

一是从智库实操角度来看，智库要保证它的第三方性，从研究院转向商业服务的发展道路是不可取的，只有从第三方的角度才能体现出真正有用的信息和价值。同时智库之间研究的水平差别性较小，主要的区别为前瞻性和格局广阔性，因此在智库建设时应注重这两点。

二是智库建设应当去地域化，智库站位要高、视野要远，要从全球的视角去开展研究，地域性研究限制了智库水平的高度和广度，应当多站在更高的位置做智库建设，并在全球创造出知名度，充当领跑者。

三是要建立全国绿色发展指数，然后形成全球的绿色发展指数，并形成关键的指标来评定绿色发展指数。主要从城市绿色发展指数和产业绿色发展指数两个维度去研究。通过研究院下属的业务公司去发布指数，可以保证第三方的权威性，并且可以排除政府官方的干预。

四是通过智库研究成果和智慧去形成更大的影响力网络，全面覆盖绿色发展和绿色金融。研究机构应当跳出现实的问题去看待整个问题发展的内在规律，去引领更大的宏观方向。例如，小型机构引领全市发展和目标政策、大中型机构引领全省、大型机构引领全国、超大型机构引领全球，逐渐扩大引领的范围，树立起行业的新标杆。

五是发展绿色发展职业类教育。人才是绿色发展各板块的第一驱动力，相比于技术、资金，人才显得更为重要，因为只有人才才能创造出更好的技术和商业模式。可联合全球知名高校开发绿色发展课程体系并举办绿色发展职业类教育培训班，颁发国际资格认证证书，积极培养绿色发展方面的高端人才。

六是在绿色投资方面，通过金融杠杆，把拥有核心技术实力的企业做大做强，这样孵化出来的企业具有很强的实践性，对其优质的项目进行投资，形成一个交易结构，然后持续性跟踪项目的内在变化并开展深入研究，得出来的绿色发展数据就非常精确，对绿色发展方面的研究起到反哺效应。

七是建立面向全球的绿色发展数据库，即建立不仅涵盖国内金融和产业的绿色发展数据，而且也涵盖"一带一路"等国际化数据的数据库。同时，制定绿色发展的标准，根据行业协会的数据进行数据库的大分类，并将标准嵌入数据库，自然形成更细致的分类。通过这一数据库的建立，引领全球绿色发展的趋势和变化。

长江经济带思想沙龙

（第 10 期）

财政金融协同推动宜宾高质量发展

2021年10月16日，长江经济带思想沙龙（第10期）在宜宾长宁举办。本期思想沙龙由宜宾市财政局和中国人民大学长江经济带研究院联合主办，双方围绕"财政金融协同推动宜宾高质量发展"主题进行了研讨。中国人民大学财政金融学院党委副书记钱宗鑫教授、中国人民大学长江经济带研究院院长涂永红教授、中国人民大学统计学院吴翌琳教授、中国人民大学财政金融学院郭彪副教授、中国社会科学院金融研究所助理研究员张策、宜宾市财政局局长谢治平以及市财政局相关领导、青年引进人才参加了活动，中国人民大学财政金融学院张文春副教授通过线上视频连线的方式参与了主题讨论。会议由宜宾市财政局局长谢治平主持，中国人民大学长江经济带研究院涂永红教授做总结发言。

宜宾市财政局局长谢治平向各位来访的专家深入介绍了宜宾财政特征以及财政金融协同工作推进计划。谢治平局长首先介绍了目前宜宾财政的基本情况，指出宜宾是四川省地级市中唯一一般公共预算收入超过200亿元的城市，地方财政在推动类似宜宾这样三、四线城市的发展方面作用很明显，当前的发展阶段对于宜宾来说非常关键，应当抓机遇、促转型。谢治平局长指出，"十三五"期间，宜宾财政坚持依托自身的转型升级，地方财政情况持续向好，总体呈现出"2321"的财政特征："2"代表全口径税收全省第二；"3"代表是三门预算，在四川省，唯有宜宾的三门预算均衡发展，分别为一般公共预算200亿元、基金预算225亿元、国有资本预算90亿元；"2"代表二元特征很明显；"1"代表财政支撑"一柱擎天"，五粮液的税收占全口径税收的57%。宜宾发展型财政格局已经有了雏形。

随后，谢治平局长介绍了宜宾财政在支撑地方发展所采取的方针策略。

一是发挥财政引领作用。积极落实中央、省级财政政策措施，落实宜宾市双轮驱动战略，立足人才支撑，充分发挥财政引领作用。

二是发挥统筹作用。宜宾地方财力有限，但是城市建设发展需求资金量很大，除了突出重点项目支持，在资金的投入上坚持问题导向和绩效导向。做好"三化"管理：规范化，开展专项资金清理工作；项目化，指定明确方向，刚性资金需求优先保障，对符合市委、市政府重心工作的项目多安排资金；规模化，尽可能规模化进行资金投入。

三是发挥财政杠杆作用。充分发挥银政担企的金融服务效应，多方汇聚金融资源，形成金融杠杆，推动发展型财政建设。

最后，谢治平局长向专家组汇报了宜宾财政存在的问题与困境以及下一步工作计划。

在问题与困境方面有以下几点：一是财政收支矛盾突出。以三江新区为例，三江新区发展日新月异、波澜壮阔，目前成立了多家国资平台公司，政府注入了大量资金支持发展，包括200多家智能终端企业都需要扶持支撑。据测算，最近几年共计需要1000亿元资金来推动宜宾建设发展，包括推进共同富裕等国家战略任务。二是财金互动不足、活力不强。基金、商业银行等金融措施已经推出，但是金融附加值很低，怎么样真正发挥金融作用推动地方高质量发展值得深思；在人才支撑和资金活力等方面捉襟见肘，单位干部、组织结构存在老化问题。三是治理能力不强。财政推动产业发展的创新机制还需进一步完善，以便形成产业反哺财政的效应。

下一步工作计划将主要围绕以下四点进行：

一是高效利用相对财力支持发展，通过财金新理念、新动能，将财政体量真正做大做强；构建服务型财政新机制，助力宜宾新兴产业发展；通过全市智囊力量，依托在宜高校、科研院所专家智慧力量，构建财政新格局，促进信息共享，实现共建共享。

二是做好服务发展型财政的建设，强化财金互动，加强银政担企的深度合作。

三是防范化解重大风险。以防范化解财政金融风险为主线，以"精准"化债为切入点和着力点，聚焦重点、把控难点，全力以赴促进宜宾市经济社会持续健康发展。

四是扎实提升治理能力，通过财政治理新手段和方法，推陈出新，适应发展型财政的各个方面。针对专业支撑能力较差、信息化支撑较差的现状，加快补齐短板，完善统筹预算资源，服务产业发展，达到服务型财政的目标。

中国人民大学财政金融学院党委副书记钱宗鑫教授在听取了谢治平局长发言后指出，从全球角度来看，财政金融联动所担心出现的财政风险自2008年至今就一直存在，从全国角度来看，全国总体负债情况对于全国地方发展的政策性判断非常重要。目前货币政策利率还不算高，财政性货币的情况不是太严重，并且风险随时存在，防范化解重大风险并不意味着没有风险，要制定有针对性的措施应对随时出现的金融风险。

钱宗鑫教授指出，金融业除了放大财政，还要拥有学会去发现价值的功能。例如，可以通过高端论坛展示优势特色企业，通过信息平台建设展示金融需求，做好配套的金融服务，举办大型和产业类的金融论坛，加大对外宣传。宜宾目前新兴产业发展前景良好，在产业物流投入方面应当加以足够的重视。

中国人民大学财政金融学院郭彪副教授结合"常州做法"从金融服务角度进行了发言。郭彪副教授指出，在金融服务方面一定要体现出多层次，包括资本市场多层次、股票多层次、银行多层次、普惠手段多层次。宜宾应当扩大融资路径，鼓励企业上市，建立多层次的银行体系，大力发展区域性银行。

随后，以"常州做法"为例，郭彪副教授进行了分析讲解：常州市政府经常邀请很多银行来常州举办债券交流会，营造当地的金融生态环境；持续推进供应链金融的发展，助力企业构建和优化供应链；大力推广常州特色金融板块，如科创板专题辅导，同时在优化营商环境上下功夫。

最后，郭彪副教授指出，金融业的本质是多层次的资本市场，是金融产品品种的不断增加所凝聚出来的。在面对金融风险时，地方财政不仅可以参股其他基金等金融产品实现杠杆的放大，也可以建立多层次的金融体系分散金融风险。宜宾应当多引进龙头企业，创新金融产品，立足宜宾，示范全国。

中国人民大学财政金融学院张文春副教授围绕思想沙龙主题，讲解了"合肥模式"的发展经验。张文春副教授指出"合肥模式"经验最关键的一点就是"一张蓝图绘到底"。合肥近年来的发展，可以归纳为以下两个方面。

一方面，各方面都需要投入大量资金。一是城市框架的拉开。需要建设大量的基础设施，包括大拆违、大建设（道路、高架、地下管网等）等需要大量资金。二是社会事业的发展。新建、改建、扩建了众多的学校和医院，这是人口集聚的基本条件，而新建、扩建学校和医院同样需要大量资金。三是大招商、招大商。立足于大工业的招商引资。合肥没有人才、资金、资源、交通等优势，知名的大企业为何要落地合肥？合肥的做法是通过资本来撬动大企业落户合肥，然后进行产业链招商，最终形成了产业集聚，这同样需要大量的资金。四是人口增长带来的城市扩容。合肥的做法是保留老城区基本面貌，重新建设新城区。而新城区的建设，同样需要大量资金。还有大量的民生工程等，都需要资金。

另一方面，在面对资金缺口时，合肥从"如何筹措资金"开始，采取了以下措施：

首先，进行"政府投融资体制改革"。银行贷款给城投公司，或者城投公司通过市场融资，这些都是需要还本付息的。所以，如何为城投公司发展创造更好的"现金流"成为重中之重。这涉及财政等部门利益分配的问题。

其次，做大做强"政府平台公司"。如何做大做强？如何实现融资方式多样化？如何构建"借、用、还"一体化机制？合肥在这方面都有很多独特的做法。平台公司为市委、市政府实现经济社会发展目标做出了突出贡献。

再次，充分发挥金融在"招商引资"中的作用。以前合肥并没有资源、交通等优势。单纯依靠"市场逻辑"，以及土地税收等政策优惠措施，投资超过百亿元、千亿元的企业不会落户合肥。所以要吸引大企业落地，必须另辟蹊径。合肥的做法就是充分发挥金融在招商引资中的作用。

因此，"合肥市政府投融资体制改革"奠定了合肥发展的基础，为合肥经济社会全面发展筹措了必要的资金。

张文春副教授指出，"合肥模式"成功的直接原因是财政资源配置与金融资源配置的有效衔接，间接原因为"团队人和"。"合肥模式"具有一定的可复制性，但条件并不宽松，甚至有些苛刻。宜宾应当在"合肥模式"中吸取经验，坚持"一张蓝图绘到底"，战略定位和扶持政策均需要做到有延续性。

中国人民大学统计学院吴翌琳教授以"财政大数据的应用探索"为题目，结合思想沙龙主题进行了说明，主要从大数据的特征、财政大数据的主要来源、财政大数据的应用探索等三个方向进行了详细讲解。吴翌琳教授建议，优化完善财政业务信息系统，结合宜宾实际需求，加速推进财政大数据信息化建设。同时强化财政业务系统运维和信息化安全建设，始终把财政信息网络安全工作作为日常工作的重要内容。

中国社会科学院金融研究所助理研究员张策围绕思想沙龙主题提出以下两点建议。

一是聚焦具有极强政策性的方面。在面对产业、市场缺乏商业可持续性时，应当及时撬动社会资本进入；当具有一定的商业可持续性时，应当发挥金融发现作用和评估作用。

二是聚焦有效益的行业。宜宾上市公司数量较少，应当积极鼓励宜宾优质企业上市，借助上市公司发挥金融方面的作用。对于潜力型企业，还需要财政发挥支撑作用，但是不能只靠钱，应当增强科技实力，吸引科研型的技术人才，通过创新技术加持，提升市场的竞争能力。

中国人民大学长江经济带研究院院长涂永红教授做最后的总结发言。涂永红教授强调，在财政金融政策变化方面，国内外收支是均衡的，金融政策不会发生大的急转弯，并指出财政治理体制机制创新是推动治理能力现代化、实现经济社会高质量发展的重要抓手。在市场经济体制不断改善的新时代下，地方财政如何更好地发挥助推作用，提升在经济社会发展中的重要作用，值得我们共同探索。

涂永红教授围绕思想沙龙主题，提出了以下建议。

一方面要探索谋划财政三项改革创新。一是推动财政体制机制创新。当前，地方财政部门科室设置、下属单位建设普遍缺乏研究性职能，导致大量专业技术人才疲于常规性、基础性管理服务工作，人才优势得不到有效发挥，财政体制机制创新滞缓。建议依托宜宾市财政学会，邀请中国人民大学、中央财经大学等高校专家学者和国家有关部委司处负责人，组建学术顾问团队，为开展财政政策传导机制研究、政策效应评价及财政可持续发展路径探索提供专家支持。以宜宾财政大讲堂形式，不定期邀请专家来宜培训授课。二是推动国家财税政策落地，服务区域经济发展。2021年9月2日，财政部《关于印发<关于全面推动长江经济带发展财税支持政策的方案>的通知》（财预〔2021〕108号）（以下简称《方案》），提出了十七条支持措施和三条协调保障措施。宜宾作为长江首城，区位优势独特，在财政支持长江经济带生态屏障建设、产业绿色发展、综合立体交通体系建设、统筹协调机制等方面打下了一定基础。《方案》印发后，宜宾需要尽快研究实施举措，在推动财税支持长江经济带发展中抢占先机。建议与中国人民大学长江经济带研究院等研究性机构合作，单独或联合设立研究课题，双方共派研究人员参与研究，分析当前地方财政支持政策、渠道、机制的不足与存在的问题，针对性地提出对策建议。可重点聚焦地方财政支出经济效益，研究财政在生态补偿机制、综合交通基础设施建设、沿江沿边和内陆开放、转型创新升级、人才培养、乡村振兴和共同富裕等方面的引导作用，为全面推动长江经济带高质量发展贡献财税力量。三是推动财政金融协同改革，用活试点城市政策。2019年7月16日，财政部等部门联合印发《关于开展财政支持深化民营和小微企业金融服务综合改革试点城市工作的通知》（财金〔2019〕62号）。宜宾成功入选首批试点城市，试点期3年，获得中央财政下达奖励资金5000万元。试点近两年来，宜宾在融资担保、抵押、租赁等方面做了尝试，但始终未摆脱固化思维和模式，财政金融互动不足，试点成效离预期目标还有较大差距。建议宜宾大胆先行先试，立足自身产业结构和发展需要，建立健全长效激励机制和风险分摊机制，探索财政政策支持下的民营企业和小微企业金融服务有效模式，充分发挥财政资金的杠杆撬动作用，释放中小企业和市场活力，壮大民营经济和税收基础。宜宾可学习借鉴合肥财政支持产业发展的先进经验，提高国资投资公司的市场化运作能力，推动建立有活力、有韧劲、有市场竞争力的产业链，进而增强宜宾财政的造血机能和可持续发展。

另一方面要加快实现财政科学治理目标。我国已开启全面建设社会主义现代化国家新征程，在国际国内形势复杂多变的新背景下，需要更加深入学习贯彻习近平新时代中国特色社会主义思想，坚持新发展理念，持续推动国家治理体系和治理能力现代化。如何完善财政治理？需要以深化改革为抓手，推动"银、政、担、企"等相关方协调融合发展。建议把改革重点聚焦在乡村振兴上，核心是如何盘活镇村公有资产。掌握国内外最新财政动态，吸引高水平专家柔性参与宜宾的财政改革研究，提升财政治理能力。

长江经济带思想沙龙

（第 11 期）

产教融合加速宜宾建设社会主义现代化的国家区域中心城市

2022年1月17日，2022年首期长江经济带思想沙龙（第11期）在中国人民大学长江经济带研究院举办。本期思想沙龙由中国人民大学长江经济带研究院和宜宾市委人才和大学城工作局联合主办，特邀四川省教育厅原副厅长、中国人民大学商学院彭翊教授线上参会并发表主题演讲。在宜的部分产研院、重点企业代表出席会议，共同围绕"产教融合加速宜宾建设社会主义现代化的国家区域中心城市"主题进行了深入的研讨。会议由中国人民大学长江经济带研究院院长涂永红教授主持。

参加本期思想沙龙的嘉宾有宜宾市委人才和大学城工作局副局长曾振华、电子科技大学宜宾研究院院长高椿明、西南交通大学宜宾研究院院长王鹰、吉林大学宜宾研究院常务副院长徐学纯、四川大学宜宾园区常务副院长胡晓兵、上海交通大学宜宾新材料研发创新中心主任冯珂、四川新能源汽车技术创新中心有限公司董事长华剑锋、西南财经大学长江金融研究院副院长杜世光、武汉光谷咖啡创投有限公司副总经理、西南总部总经理王强、武汉光谷咖啡创投有限公司西南总部常务副总经理李正银、宜宾市科教产业投资集团有限公司党委副书记周莉、宜宾市新兴产业投资集团有限公司副总经理艾兴乔。

四川省教育厅原副厅长、中国人民大学商学院彭翊教授以"完善创新体系、反哺经济发展"为题，结合《全面推动宜宾产教融合示范市建设研究》的研究报告，发表了主题演讲。

首先，彭翊教授分析了国家区域中心城市建设的基本要义以及宜宾的建设优势，指出国家区域中心城市应当具备6个特征，包括要素集聚、创新引领、区域服务、经济辐射、交通枢纽、规模效应。宜宾在上述6个方面均有明显的优势，宜宾战略地位优势凸显，"一带一路"建设、长江经济带发展、西部大开发、成渝地区双城经济圈建设等国家战略在宜宾交汇叠加。

其次，结合产教融合的相关评价指标，彭翊教授对宜宾在产教融合方面的建设情况进行了说明，包括经济建设、教育支出、校企建设等方面，总结了宜宾产教融合建设的四个特征。

一是发展动力足。宜宾经济发展势头是强劲的，宜居性强，高等教育投入的力度大，提升速度快，2021年万人大学生在校生数是2015年的2.9倍。预计到2025年高职在校生规模将达到20万人，每万人在校大学生数将超过400人，达到北京、青岛、杭州等经济发达城市的水平。

二是建设起点高。宜宾在巩固传统优势产业的基础上，实现了高等教育资源和新兴产业资源的双引进、双增长，筑牢了双城一体产教融合的基础。在传统优势产业领域，像五粮液集团、川茶集团等企业推动产教融合向纵深发展。在新兴产业领域，人工智能学院、智能终端实验重点实验室等一批深度产教融合项目快速展开。2020年宜宾新兴产业的营业收入是1002.1亿元，是2015年的7.67倍，成为全市经济发展的新引擎和新动力。

三是产教融合成效尚未充分地展现。从高校来看，由于新建高校办学时间短，尚未来得及展开产教融合的活动。从现代产业学院建设、"双能型"教师培养、科研合作、接受企业资助等指标看，目前的产教融合活动集中在办学时间较长的三所高校与企业之间。

四是完善创新体系，反哺经济发展。宜宾科教资源丰富，其创新能力排在全省的第三位，这成为宜宾有信心提出加快建设社会主义现代化国家区域中心城市的奋斗目标的优势之一。如何把宜宾产教融合基础设施的投入转化为有效产出，是宜宾下一阶段产教融合型城市建设的工作重点。

最后，彭翊教授提出实施宜宾产教融合发展路径的四个阶段。

一是引教促产，这个阶段是汇聚创新资源。在引教促产的阶段，政府通过模式的创新，在不增加财政负担的前提下，大力投入教育基础设施，通过教育投入促进传统优势产业发展和新兴产业的引进，补足了教育链和创新链。

二是产教互促，完善创新体系。在产教互促的阶段，政府通过精准投入和创新链的营造，对接教育链与产业链，推动产业与教育的融合互相促进。

三是反哺城市，反哺经济的发展。在反哺城市的阶段，产教深度融合，良性互动，反哺城市经济社会发展，政府持续营造和引导促进产教融合的政策环境。

四是完善扶持政策。宜宾在实施产教融合的过程中，能够实现人才到创新人才、工匠的提升，但如果企业仅有人才需求或有创新人才、工匠使用意愿却没有支付能力时，其参与产教融合的成本收益是不对等的，潜在需求无法形成有效需求。因此，应当按照不同企业的特征，通过影响企业的消费习惯，改善企业对创新人才、工匠的需求或通过政策扶持，增强企业对产教融合的支付能力，来改善创新人才、工匠的需求。政府在制定产教融合的政策时应当对上述问题进行关注。

彭翊教授表示，宜宾可以以大学城支撑科创城，实现双城的一体化发展，带动传统产业长足发展和新兴产业战略性跃升。当前宜宾处于产教互促的阶段，应通过精准化的政策推动产业与教育融合，促进人才培养实现良性互动。虽然产教融合成果及成效尚未完全显现，预计在未来2～5年将会有较好的呈现。

宜宾市委人才和大学城工作局副局长曾振华结合国家产教融合政

策方向，对宜宾产教融合发展路径进行了深度剖析。

首先，曾局长强调了产教融合发展要瞄准供和需这两端的融通。他指出产教融合最核心的部分就是要培养培育一批产教融合型企业。推动产业的发展是要实现人民对美好生活的向往的目标。在整个链条当中，应当做到从教育链、人才链、创新链到产业链的充分融通，务必要找准供需双方。为达成上述的目标，制定的政策导向应该从一个宏观层面落到具体的、微观可操作的层面，这才具有结合的可能性。产教融合不能单向地把供给端做得非常好，没有需求端就没有办法实现双向互动和融合，链条就不完整。

其次，曾局长谈到了产教融合的另一个核心问题：职业教育。他指出，目前宜宾在"双师型"教师、企业主动参与人才培育等职业教育要素保障方面是不足的，应当将企业需求和职业教育课程的培训紧密结合。宜宾引进的新兴产业的研发和生产不是一体的，造成了引进的企业以生产为主，而研发却不在宜宾。实现研发生产在宜宾集聚是下一步的工作重点。宜宾人才引进虽取得了不错成绩，但是在人才自身培育方面存在不足，应当建立高端人才培育计划，应注重本土人才，把更多的资源倾向于本土人才，让本土人才能够更好地发挥作用，培养领军人才，带动地方的发展。

最后，曾局长提出，在科技创新方面应当建设平台，包括重点实验室、工程技术中心等，企业出资、出设备，学校出人才、出团队，共同研究创新方向的问题、企业发展的问题。后续可以组建专家团队，深入宜宾的规模企业，针对产教融合和科技项目进行全面梳理，帮助不懂科创、不愿投资的企业，共同分析课题，形成一系列的科技需求，向产教融合示范城市迈进。

电子科技大学宜宾研究院院长高椿明针对企业需求方面发表了演讲。高院长首先感谢了宜宾市委、市政府为科研院所做的工作，并且提出了立项创新的概念，指出宜宾仍处于GDP增长阶段，其实还没有完全到科技引领和技术作为发展的推动力的自发性发展阶段。目前企业产生的需求清单和学校研究的项目存在不匹配的现象，应当由地方的经济需求产生需求清单。同时应当组织调研专家组深入企业，真正意义上帮企业找出痛点、解决痛点，以提高对接效率。同时，要深入行业协会加强联系。根据真正意义上的项目需求，针对性地引进人才，用人才去解决企业需求，形成需求后期规模聚集效应。

其次，高院长谈到了企业积极性的问题。他指出，目前企业的消费习惯是不愿意拿过多的经费去做科研。应当建立起针对企业的评价体系，帮助企业改变消费习惯。通过多样的评价方式引导企业能够多投入科研经费，并逐步形成制度来提高企业的积极性。

最后，高院长谈到了科技创新资源整合的问题。他提出要加强园区的建设，比如将宜宾科技创新中心做成实体化平台，整合研究院、高校、科研平台，通过科技赋能的项目，集聚高校智慧资源来提供技术支撑，释放科教集团的平台能力。宜宾要把自己的技术发展起来，而不是用宜宾的项目来滋养外地的企业。

宜宾市科教集团有限公司党委副书记周莉从公司运营保障和产教融合发展的角度进行了发言。周莉副书记提出，科教集团正在筹划建设第5个以科技类为主营方向的子公司。该公司可以承接双城各个高校、各个产业园的科技成果的转化和落地，整合双城已有优势去做实体化发展。周莉副书记还表示，科教集团会从人力、物力、财力等方面服务好的项目，转化出好的成果。

西南交通大学宜宾研究院院长王鹰围绕产教融合政策扶持方面进行了发言。王院长指出，目前很多企业的研发总部不在宜宾，还是劳动密集型企业，对科技创新的需求不强，企业对产业功能的需求远远大于对高新研发人员的需求。因此，王院长提出应当加强政策性的引导，并进行了举例：在西藏投标的企业聘用西藏户籍毕业生就会加分。产教融合在政策方面应当通过设置加分项等类似的引导机制，将企业的创新资源引入宜宾，培育本土的创新人才，提升对企业研发总部落地宜宾的吸引力。王院长还指出，应当从企业真正需求的角度对接开展项目，提升专利申报质量，防止与企业、市场严重脱节。

最后，王院长指出宜宾综合交通枢纽已经日渐成形，应当开展综合交通运输智能化建设，提升铁路、水运、航运等综合交通运输的效率，西南交通大学宜宾研究院将在这方面持之以恒地开展研究，助力宜宾建设社会主义现代化的国家区域中心城市。

吉林大学宜宾研究院常务副院长徐学纯围绕产教融合的基本要义和宜宾优势资源进行了发言。徐学纯副院长首先解析了产教融合的基本含义。他提出，产教融合的核心关键在于"融合"，融合不是目的，实际融合是一个过程。产教融合并不是全新概念，一些发达国家已经形成较为成熟的融合模式。我国产教融合长期受教育条块分割管理体制制约，一直发展不好，因此近年来产教融合再度成为政策重点。徐学纯副院长还提出，目前所说的产教融合多局限于两点，实际融合应该是产业、学校、政府的三元融合。因为没有政府管理，任何事情都做不成。

随后，徐学纯副院长提出，目前宜宾的企业技术不够高端，与产研院所做的研究结合得较差。产教融合方面的政府支持是没问题的，现阶段的关键在于如何融合。宜宾需要高层次的人员作为管理者代表政府做融合这件事情，才能使产教融合快速推动。培育本土人才周期太长，引进是最快的方式，但是引进后要了解人才能做什么、能不能做好、做的东西有没有用。

最后，徐学纯副院长提出，宜宾要大力发展自身的优势资源，不能把过多的人力、财力放在其他城市已经领跑的产业上。例如，宜宾的地热资源丰富，这是许多城市没有的资源，宜宾可在这条赛道上领跑。宜宾未来不能仅依靠目前发展很好的几个项目，如新能源汽车、大数据等，因为每个产业都有兴衰，所以应再开辟一些新的领域，保证宜宾的老百姓能够长期享受自己创造的美好生活。

宜宾市新兴产业投资集团有限公司副总经理艾兴乔从投融资的角度提出了产教融合的发展建议。艾兴乔副总经理首先对新兴产业投资集团有限公司的运营情况和业务进行了介绍，并提出了他对产教融合的理解。他指出，产教融合中"产"主要是指产业，包括产业投资；"教"代表科技、教育、科教；"融"代表着金融科技、金融资本。

随后，艾兴乔副总经理提出了产教融合的发展建议。

一是金融科技。金融科技、金融教育是融资的重要方面，但是宜宾在金融科技、金融教育方面短板明显，包括在资本市场的融资如何解决目前宜宾大力发展中需要资本的困境，所有的企业都面临着融资难的问题，所以在金融科技、金融教育方面需要进一步加强。同时，在金融教育领域，特别是金融人才培养方面，要更多地关注财政资金的使用效率。以国有平台公司为例，其闲置资金的使用效率还是偏低。这一问题呈现两极分化：真正开展产业投资的主体对资本的需求非常迫切，而且在支持产业过程中，投资规模较大，但是自有资金不足，目前公司注册资本50亿元，但是实际投资已近170亿元，资金缺口明显，这些情况需要进一步研究。

二是融资主体。金融机构如何在资本市场上发挥杠杆作用并撬动社会资本存在明显不足。外界说宜宾财政有钱，但是实际上，产业发展亏空和负担都很大，利用政策来撬动资本市场这方面也需要补足。

三是金融监管。特别是防范系统性风险，对国有的平台公司进行监管，在如何防范金融风险方面需要对机制进行进一步研究。同时，对宜宾国有资本的配置和调度，特别是资金的调度需要进一步权衡，以提高资金使用效率。

四是投资效率。这与科技、科教紧密相关。宜宾要想建成社会主义现代化的区域中心城市，还得靠产业，如何靠产业？需要靠招商引资，把产业、项目吸引过来，对宜宾进行投资。所以要尽快评估宜宾各项目的前景。人才方面也是一块短板，要培育产业人才，包括专业的技术人才。同时需要对外学习，比如说学习"合肥模式"，加强整个项目团队的运作和对汽车产业的理解，加大专业人才的培养，特别是加大产投结合人才的培养。

四川大学宜宾园区常务副院长胡晓兵围绕思想沙龙主题，结合企业需求和地方办学，发表了演讲。首先，胡晓光副院长指出，宜宾应当大胆创新、大胆突破，摸透教育部的精神，要提出自己的思路，在教育部下发的产教融合指南的基础上，提出更好的发展方案，才能在与其他产教融合试点城市的竞争中突出自身的优势。

随后，胡晓兵副院长指出，目前政府主办教育培养出的人才与企业真正需求的人才存在脱节的情况，尤其是工科院校的人才培养模式出现了重大的问题。部分海归、高端人才连工厂都没有进去过，实操性较差，与企业需求不匹配，高校应当引进一批企业的一线工程技术人员或者工程师。同时，当下企业很多科技成果是领先于高校的，因为企业需要生存，它就会拼命拿到最新的东西，现在的情况应当是想办法把企业引来高校，高校提出的研究成果、培育教育更应该贴近一线需求。

最后，胡晓兵副院长从文化塑造的角度探讨了职业教育的问题。他指出，一方面大量的职业学校的学生无法就业，另一方面大量的企业找不到人。每年培养再多的学生却送到工厂去，产教融合还是失败的。这是人才观的问题，是国家的导向问题，是影响国家文化营造的文化导向问题。应当在文化导向方面去突破，加入特色职业文化导向，做好产教融合的文化培养，让学生愿意进工厂，愿意投身于职业技能行业。同时提升企业的归属感，政府发放的费用先给一些企业，企业通过课题项目等相关合作形式发放给学校，让两者紧密结合，让企业有归属感。

上海交通大学宜宾新材料研发创新中心主任冯珂针对产业生态进行了发言。冯珂主任首先介绍了该中心的运行情况。目前该中心已经建立起了以企业需求为导向的发展方向，将企业分为三大类，分别为合作紧密、一般合作、可能合作，按照不同的频次安排专人对接拜访。冯珂主任指出，目前老师和市场其实是有一些冲突的，做市场有些时候得求人，在性格上很难融合在一起。

随后，冯珂主任提出他们已经和中航工业集团开展了合作，拿到了电镀园区的生产牌照，拟建一个西南地区的表面集中处理园区，帮宜宾引入高端的产业和好的税收资源，将产业生态做起来。同时，他们也积极地和宜宾职业技术学院合作，为未来的电镀表面处理园区做人才储备工作。冯珂主任指出，只有把产业做起来才能做产业园，这也是做好产教融合的关键。

西南财经大学长江金融研究院副院长杜世光从政府层面、研究院层面、产业层面分析了产教融合。杜世光副院长指出，产教融合型城市具有以下典型特征：一是具有较为发达的、紧跟国家战略需求的高科技产业；二是具有丰富的教育资源，以满足产业系统对不同层次高端技术技能人才的需求；三是具备成熟的产教融合型实践平台和载体，可以驱动产教融合横向发展与纵向深入。产教融合型城市建设是由政府、教育系统与产业系统三个基本要素组成的一项宏伟系统工程。"大学—企业—政府"三者通过彼此间相互促进与联系，形成持续创新流。

随后，杜世光副院长针对产教融合发展提出以下建议。

一是政府层面：发挥主导作用，统筹推进产教融合改革。

二是研究院层面：以专业、师资等为中心，拓宽"产"与"教"的融合渠道。高校是提高产教融合成效的主力军，要把专业（群）、师资、培训高地建设作为推动产教融合内涵式发展的重要着力点。①要围绕全市重大产业链或高质量发展相对薄弱环节对高素质技术、技能人才的发展需求，推进专业集群与产业集群精准对接衔接，实现专业结构与地方、全市产业链发展高度契合，为全市产业高质量发展提供多层次人力资源支撑。②要依托所属高校与全市行业龙头企业合作共建行业（产业）学院或研究平台，发挥双方资源优势进行全方位合作，探索建立校企合作育人新模式，让学生在学习实践中适应未来的企业生产环境、感受企业管理文化，培养更多受地方行业企业欢迎的高端技术技能人才。③要凭借各类服务平台，为企业提供科技政策咨询、科技项目申报与培训、知识产权服务、企业员工素质提升等综合性科技与社会服务，为地方行业产业升级发展注入新的活力。其中深入研究区域、产业、企业的相互影响，根据全市经济发展方式和产业结构调整要求，加强校企合作资源整合能力，提升校企合作水平质量是研究院高效运行的关键。

三是产业层面：如何推动产业系统积极参与产教融合，尤其是要积极发挥行业和龙头企业在产业技术上的优势，引导在宜高校学科、专业设置主动响应产业发展需求，促进供需双方的有效对接，从而促进产与教的真融真合。

武汉光谷咖啡创投有限公司副总经理、西南总部总经理王强围绕产教融合供需关系发表了演讲。王强总经理认为，应当从供需角度出发去考虑产教融合的发展问题，供需双方既有政府方、资本方、学校技术方，也包括人才方、企业方，供需实际上是不断变化的过程，实际上还有很多因素在产教融合的大舞台上不断在演变。王强总经理指出目前产教融合的痛点在于信息不通、对口不精准。企业提出来的需求可能不一定精准，或者企业的需求不一定符合未来的发展方向。

随后，王强总经理指出，在创新维度上应当培养管理、技术等综合型人才，不能将人才进行割裂培养，达不到融合的目的，应当对人才进行跨学科、跨技能培养。同时，政府要做大融合，而不是小融合，不是基于某一个产业深度上去做融合，而是横向上去做大融合。王强总经理认同胡晓兵院长的观点，认为要从文化的逻辑上进行教育改革，不能急功近利，需要做到持之以恒。

最后，王强总经理提出了"内创业"的概念。宜宾要因地制宜，匹配自身的一些产业优势，要找到结合点。宜宾在政府的开放度和资金匹配方面已经有一定优势，加上宜宾的潜在产业，包括高校和科研院所，整合这些因素非常重要。从高校的角度来说，也可以实行内创业，高校里边有很多科技成果，部分成果很先进，但是企业不知晓，可以先利用创投平台进行运作：高校把科技成果拿出来，创投平台通过前端提供一定费用，让这些科技成果进行一定的市场化尝试。当企业看到市场可能性的时候再去"内创业"，但是需要政府提供一定支持，也可以成立一个宜宾的产教融合投资平台，专门设立扶持基金，并建立基金投资机制为产教融合服务。

长江经济带思想沙龙

（第12期）

解读中央一号文件暨宜宾接续全面推进乡村振兴战略

　　2022年3月4日下午，长江经济带思想沙龙（第12期）在中国人民大学长江经济带研究院举办，本期思想沙龙由中国人民大学长江经济带研究院、中国人民大学《经济理论与经济管理》编辑部、宜宾国家农业科技园区管委会联合主办，特邀中国人民大学农业与农村发展学院副教授朱乾宇、《经济理论与经济管理》编辑部副编审刘舫舸参会讨论，与宜宾部分部门（单位）共同围绕"解读中央一号文件暨宜宾接续全面推进乡村振兴战略"主题进行了深入的研讨。会议由宜宾市委政策研究室副主任、改革办副主任李兴建主持。

　　参加本期思想沙龙的嘉宾还有宜宾国家农业科技园区管委会主任刘世明、中国人民大学长江经济带研究院院长涂永红、西南大学宜宾研究院副院长陈金凤、宜宾市农业科学院科管科科长贺兵、中国农业发展银行宜宾市分行市场部主管匡婷玉、宜宾川红茶业集团有限公司经营发展部主管李隆杰、宜宾市智威科技有限公司董办主任涂玲、长江经济带研究院院长助理陈睿。

　　中国人民大学农业与农村发展学院副教授朱乾宇以"'金融＋公共服务'数字化转型接续助力脱贫地区乡村振兴"为题，结合2022年中央一号文件（以下简称中央一号文件）以及开展的相关项目，发表了主题演讲。朱乾宇副教授从中央一号文件核心政策解读、"金融＋公共服务"数字化转型接续助力脱贫地区全面推进乡村振兴、桂林银行

"金融+数字化公共服务"的实践探索三方面对"三农"发展问题进行了深入的剖析。

首先，朱乾宇副教授对中央一号文件进行了核心政策解读。中央一号文件首先强调了务必有效防范两大风险——要保障国家粮食安全；要坚守不发生规模性返贫。需要做到确保产销平衡区粮食基本自给，健全农民种粮收益保障机制，进一步强化现代农业基础支撑，要落实"长牙齿"的耕地保护硬措施。做好精准确定监测对象的工作，巩固提升脱贫地区特色产业，编制国家乡村振兴重点帮扶县巩固拓展脱贫攻坚成果同乡村振兴有效衔接实施方案。

同时，中央一号文件提出务必稳妥推进三项重点工作。一是在乡村发展方面，做好乡村产业发展、就业创业、绿色发展工作；二是在乡村建设方面，接续实施农村人居环境整治提升，扎实开展重点领域农村基础设施建设，推进智慧农业发展；三是在乡村治理方面，要健全党组织领导的自治、法治、德治相结合的乡村治理体系，推行网格化管理、数字化赋能、精细化服务。要启动实施文化产业赋能乡村振兴计划，并切实维护农村社会平安稳定，依法严厉打击农村违法犯罪行为。

中央一号文件强调了科学运用数字化赋能手段服务乡村振兴工作的重要性。一要实施"数商兴农"工程，将"数商兴农"作为农村电子商务工作全面升级的新概括，推进电子商务进乡村；二要促进农村电商与物流协同发展，加快实施"互联网+"农产品出村进城工程，推动冷链物流服务网络向农村延伸；三要大力推进数字乡村建设，以数字技术赋能乡村公共服务，推动"互联网+政务服务"向乡村延伸覆盖，加快推动数字乡村标准化建设，研究制定发展评价指标体系，持续开展数字乡村试点，加强农村信息基础设施建设，推动农村基层定点医疗机构医保信息化建设。

为了保障乡村振兴战略的顺利实施和全面推进，中央一号文件还对具体的政策机制保障进行了部署，提出要加大落实政策机制保障，包括资金保障、人才保障、制度保障。

其次，朱乾宇副教授提出了"金融＋公共服务"数字化转型接续助力脱贫地区全面推进乡村振兴的问题和建议。她指出，针对乡村振兴的数字化赋能需求，金融机构大有可为，金融机构可利用其数字技术和服务能力，助力乡村全面振兴，特别是对于脱贫地区的乡村振兴能够发挥更重要的作用。

目前脱贫地区面临推动乡村振兴的诸多困难，包括自然条件相对恶劣、经济基础较为薄弱。脱离产业帮扶和金融支持，脱贫地区的乡村产业发展往往难以实现商业可持续；脱贫地区基本医疗、社会保障和基本公共服务缺位。脱贫地区的村级综合服务设施建设没有完全形成，导致在村居民获取基本金融、医疗、教育等服务的成本过高，不利于农民幸福感的提升和乡村人力资本的积累。

针对目前乡村振兴存在的问题，朱乾宇副教授建议：一要下沉金融服务，满足优化村级公共服务的现实需求。完善农村基础金融服务有助于满足脱贫地区产业发展和农民生活的基本要求，金融能够支持脱贫地区县域以下产业发展，助力脱贫地区形成"一县一业、一村一品"特色产业发展格局，实现乡村经济多元化并提供更多就业岗位，以拓宽农民增收渠道；推动村级公共服务建设，能够提升农民获得感，保障农村社会和谐稳定，把基础设施建设重点放在农村，完善农村医疗、教育等公共服务建设，能够留住返乡人才。二要以数字技术赋能推动"金融＋公共服务"数字化转型。数字化、智能化的金融服务模式能够降低金融机构在脱贫地区开展服务的交易成本，激发农村金融市场的活力。这不仅有助于持续改善农村支付服务环境、推进农村信用体系建设，还使涉农主体可以通过线上渠道自主获取信贷服务，进而破解农村偏远地区网点布局难题和涉农主体贷款难的问题。通过数字化改革，不仅能够推动公共服务的整合优化、构造"一门式办理"的综合服务平台，还能使农村居民更加便捷地获取金融服务。开发适应"三农"特点的信息技术、产品、应用和服务，能够推动远程医疗、远程教育等应用普及，推动城乡公共服务均等化。

最后，朱乾宇副教授分享了桂林银行"金融＋数字化公共服务"的实践探索案例。其主要经验做法包括：健全组织体系；夯实实体市县乡村四级网络体系（3＋1），构建触及末端毛细血管，触角下沉；科技赋能与网点改造；人才培训与激励制度；开展绿色金融创新，降低金融服务的环境风险和政策风险；城乡融合发展综合服务（金融服务＋非金融服务），促进城乡联动、县域内城乡融合，缓解城乡割裂带来的问题，降低客户经营风险；拓宽融资渠道，控制融资成本。

宜宾国家农业科技园区管委会主任刘世明做了题为"中央一号文件个人认识及对宜宾乡村振兴建议"的演讲。

首先，刘世明主任谈了自己对中央一号文件的理解。他指出文件的主题就是"稳"，全文"稳"字共出现了30次。文件的大背景：百年未有之大变局，疫情对社会稳定带来的影响；国内经济面临"需求收缩、供给冲击、预期转弱"三重压力，外部环境"更趋复杂严峻和不确定"；"三农"当前发展，农业生产稳中有进，市场供给稳定，农民收入增长稳定，脱贫攻坚成果稳定；乡村振兴稳定发展，农村改革稳定推进。文件的重点包括"两条底线"——国家粮食安全、不发生规模性返贫；"三项重点"——融合发展，促进农民就地增收；乡村建设，重点加强普惠性基础设施建设；乡村治理，加强乡村治理体系建设；"一个加强"——加强党对"三农"工作的全面领导。

文件特色如下：①"强调稳"——农业、农村是社会稳定的基础，是"国之大者"。稳农业就是稳社会，是开新局、迎变局的基础。②"突出细"——文件更多体现为具体怎么做，抽象、宏观描述很少。该文件可以直接成为地方政府实施的作战图、任务书。③"发展融"——文件中不仅仅是强调三产融合。要求持续推进三产融合，更强调城乡融合，包括乡村建设、服务统筹等。④"充满情"——明确要守住防止规模性返贫的底线。在当前城乡二元化依然存在，农民收入普遍偏低，农民整体社会地位较弱的情况下，这体现的就是一种为民情怀。

随后，刘世明主任谈到了当前乡村振兴中存在的不足。一是科技影响还没彰显，基层科技要素成本高。对接成本、建设成本因没有形成规模经济而偏高，科技应用总体偏低。现在基本上是传统农业种植养殖。蚕、竹科技示范机制还没建立，数字乡村刚开始起步。二是主导产业还没形成。受现代的商业思维、主政者的战略思维局限。"一县一业"和"一村一品"尚未形成规模经济和品牌特色。三是商业模式还在探索。投资收益低，如永江村、安石村等业态同质化严重且资金来源单一。四是专业人才聚集的问题还没解决。农村人才大量流失，县域人才聚集困难。职业发展空间、生活环境、待遇、教育等方面制约了人才聚集效应。

最后，刘世明主任谈到了对宜宾乡村振兴的建议——加快设立宜宾乡村振兴科技创新示范区。该示范区的建设意义有以下四点：

一是设立乡村振兴科技创新示范区是探索中国乡村振兴时代课题所需。乡村振兴是国家战略，其核心是农业产业振兴。当前时代背景下农业产业振兴的关键是科技创新。乡村振兴是一个新课题，科技创新如何引领乡村振兴发展，更是中国的一个时代课题。设立乡村振兴科技创新示范区是宜宾解答时代课题，探索时代答案的一个创新举措。

二是设立乡村振兴科技创新示范区是推动科技创新国家战略实践所需。科技创新作为国家战略已经全面展开。从物理空间来看，农村占有大部分国土空间。就产业结构而言，农业是最重要、最基础的产业板块。当前农业、农村是科技创新的薄弱环节，也是最大潜力和最大后劲之所在。提升农民科技理念，探索通过科技创新改造传统农业和农村治理，是宜宾践行国家科技创新战略的重要实践。

三是设立乡村振兴科技创新示范区是宜宾建设双城科技副中心支撑所需。宜宾建设国家现代化区域中心城市和双城经济副中心，必然要建成区域科技中心。宜宾作为传统农业大市，在酿酒、竹、茶、种植等农业科技上在双城区域内具备比较优势。当前，宜宾又在积极创建国家农业高新技术产业示范区。宜宾可以在乡村振兴科技示范区内聚集成渝双城农业科技力量，率先建成双城农业科技副中心，以此带动宜宾双城科技副中心建设。

四是设立乡村振兴科技创新示范区是建设宜宾农业产业发展新动能所需。"四川农业大省这块金字招牌不能丢"，这是习近平总书记的殷殷嘱咐。宜宾是四川的传统农业大市。宜宾要在更高的起点上擦亮金字招牌，必须建立以科技为支撑的新的核心动能。农业具有区域性、气候性特点，建设一个宜宾本区域"5+2"农业产业新产品新技术的研发、引进、实验、推广、示范集成区，是建立宜宾农业产业发展新动能所需。

该示范区的建设目标：乡村振兴科技创新示范区；农业绿色低碳发展样板区；农村共同富裕机制探索区。

该示范区的功能：农业科技需求集成解决平台、创新试验研发平台、产业示范引领平台、技术应用推广平台、企业集中承载平台、人才聚集建设平台。

该示范区的机制体制：建设区域可以选择现在农高区规划区域。机构作为市委、市政府派出机构，挂宜宾国家农业科技园区和乡村振兴科技创新示范区，两块牌子一个班子。创建国家农业高新技术产业示范区和国家乡村振兴示范区。农业科技园区重点负责农业产业建设，包括科研平台、科技试验、科研示范、科技推广等。区域内其他事务根据情况部分委托园区管理。

西南大学宜宾研究院副院长陈金凤围绕农业科技现代化、乡村振兴产业等话题发表了演讲。陈金凤副院长认为，中央一号文件体现了习近平总书记以人民为中心的施政方略。如果离开了农业农村现代化，就谈不上社会主义现代化，如果离开了乡村振兴，更谈不上中华民族伟大复兴，就圆不了中国梦。

陈金凤副院长认为，今年的中央一号文件就是要全面推进乡村全面振兴，要推进"三农"的重点工作，这个文件其实和国家重大方针精神是一脉相承的。该文件提到，农业现代化不仅包括硬科技还包括软科技，同时还包括数字经济在农村的落地问题。原来我们主要发挥的是制度优势和组织优势来实现脱贫的目标，乡村振兴的示范点更多的是展示效应，但是"造血"功能存在问题，投入产出比太低。

陈金凤副院长认为，防止规模性返贫必须靠产业振兴，乡村的产业振兴才能够为我们的乡村全面振兴提供造血功能，所以防止规模性返贫的治本之策就是要推进乡村的产业振兴。乡村产业振兴一定要从全国的或者甚至国际的环境来分析，要带着战略思维去分析，而且要考虑今后的可持续发展。同时，粮食种出来以后，怎么样去深加工？树立品牌，提高它的附加值，第一、第二、第三产业怎么去融合？这些都是要在乡村产业振兴的战略思维规划里面考虑清楚的。

宜宾市农业科学院科管科科长贺兵从农业科技创新服务乡村振兴的角度发表了演讲。贺兵科长介绍了宜宾农机发展情况以及粮食高产种植在全国推广的情况。

在农作物品种研发上，贺兵科长提出目前在品种种植创新方面已培育出167个品种，如何让农民愿意去种，使其发挥经济效益是关键。同时，宜宾高品质高粱品种已大面积推广应用，达到全国的先进水平。农业科学院在研发时也会紧跟市场需求，使其研究出来的农业品种能够占据市场规模；在蚕桑培育方面，结合农村人力不足的问题，力求轻简化和高效化。

在农机研发上，贺兵科长认为，目前存在的问题是现有农机设备无法满足农田种植模式的要求，在对标准化农田改造后的农机应用上缺乏有效的跟踪。同时，在农业科技投入方面存在不足的问题，占农业生产总值偏少，目前的投入主要是农业基础设施建设方面，建议增加农业科技投入；人才问题也是制约农业科技发展的因素，建议与在宜宾高校联合组建创新平台，加强科技合作，提升人才支撑力度。

中国农业发展银行宜宾市分行市场部主管匡婷玉围绕农业政策性

银行如何服务宜宾地方乡村振兴建设发表了演讲。匡婷玉主管介绍了中国农业发展银行宜宾市分行的运行机制、组织架构以及职能定位。2021年，中国农业发展银行宜宾市分行共审批项目13个，贷款近60亿元，对国家乡村振兴的帮扶县进行补短板、促发展，服务农业现代园区、产融发展示范园区。紧紧围绕酿酒专用粮开展了相关的工作，紧密结合产业发展进行。同时还包括美丽宜宾宜居乡村的建设、城乡一体化的服务等。

2022年中国农业发展银行宜宾市分行将围绕地方重大项目开展工作，包括粮食安全、脱贫攻坚成果、农业现代化以及生态文明建设。下一步也是紧紧围绕四大银行的职能定位——粮食银行、绿色银行、水利银行、农地银行来服务地方发展。

宜宾川红茶业集团有限公司经营发展部主管李隆杰结合宜宾茶产业发展进行了发言。他提出，茶业企业在帮扶农民收购茶叶等工作方面不具备持久性，尤其是持久性的帮扶政策不健全，扶贫任务对企业来说花了大量的资金、人力、物力，但是完成之后发现成效甚微。他建议，收购茶叶方面可以直接对接农户，不再依托分包机构来收购，形成长久的合作模式，不再严重依赖政府扶持。做好品牌化的运营管理，真正带动农户发家致富。建议地方政府制定长期性的战略规划，或者实施配套建设性政策，改变单纯依靠某个项目完成致富任务的模式。

宜宾市智威科技有限公司董办主任涂玲结合公司科技产品专利的研发情况，围绕会议主题进行了发言。涂玲主任介绍了智威科技有限公司研发了竹子开采设备为贫困村脱贫的情况，并表示智威科技有限公司将持续开发新型农业设备为地方乡村振兴服务。

长江经济带研究院院长助理陈睿结合自身驻村工作经历发表了对乡村振兴的看法。

首先，他谈了自己对政策的理解。中央一号文件在要求做好精准扶贫和乡村振兴的衔接工作的基础上，着重强调了粮食安全，我国存在土地"非农化""非粮化"问题，国际上大部分粮食被四大粮商垄断，粮食安全很容易被外部势力"卡脖子"，中国粮食安全仍面临多重挑战。另外，地方政府为发展城市对土地指标进行调整，以及近些年在农村的发展规划中，许多地方政府以经济作物为发展主力，极易造成水果、中药材等产能过剩，忽略了粮食种植。虽然现在农村经济发展、产业发展都比较好，但是各地政府还是缺乏危机意识，特别是在粮食安全方面。

其次，他结合驻村工作经历发表了看法。现在发展农业不再是靠劳动力、靠勤劳就能致富的，更多的是靠技术和科学管理，如除草剂的使用等问题。当然这些是必不可少的，农业的未来还是要依靠更加科学化、规模化、集约化的发展模式，小农经济不再适用于未来的发展。农民以后是一种职业，而不是一种身份，也需要技术和技能，也需要深入思考这个工作该怎么做，这些庄稼、产业该如何管理，这可能才是农业发展的未来。

他指出，基层治理这几年也是越来越被重视。农村其实也是一个微型社会，他在驻村工作中发现，在宜宾等西部内陆地区的农民群众的思想还是比较保守，法治观念淡薄，守土意识比较强，更有甚者把土地看作自己的私有财产，而且不在少数，每一家人都围绕着自己的利益考量。这些地区的农村群众对生产发展以及农村治理的思想和观点至少落后发达地区 10 年。此外，农村集体经济发展不起来，很多地方集体经济都是"空架子"；乡镇对村上的权力没有放开，资金监管比较严格，让村干部束手束脚；资料报表较多，严重占用了村干部为民办事的时间。其实，有些方面只需要加强监管即可。同时，村规民约在很多地方没有真正有效落实，农村不良风气（如不赡养老人）还是没得到改善，加强法治教育和宣传也是下一步应该思考的工作重点。

最后，他提出个人的几点看法：一是加强基层治理和法治教育，解决农民思想的问题；二是加强农业的科学化、规模化、产业化布局，解决农民收入、发展与粮食安全的问题；三是加强基层堡垒和农村人才培养，解决农村人才缺失的问题；四是完善兜底和扶持机制（含金融手段，如贴息贷款），如对五保户、残疾户等群体的帮扶；五是完善基础设施建设，除了路、水、电等基本要素，还应该加强一些科技设施在农村的应用和推广，加强电商和物流体系的建设等。

《经济理论与经济管理》编辑部副编审刘舫舸建议，乡村振兴应当多通过学术期刊进行宣传推广，《经济理论与经济管理》作为高水平的学术刊物非常愿意宣传学术专家和政府实业界的各位专家的思想成果，并为大家提供一个高水平的学术交流平台。

中国人民大学长江经济带研究院院长涂永红作了总结发言。涂永红院长从国际金融和中国全球定位的角度谈到了对乡村振兴的理解。美联储通货膨胀比较高后就会紧缩，据说要7次加息，这样流动性会大幅紧缩，紧缩了以后，投资和贸易投资和消费的需求减少，对中国的进口就会减少。中国GDP增长的20%～25%依赖出口，而出口中70%左右是中小企业贡献的，而这些中小企业实际上是我们农民工就业的一个主平台，所以实现乡村振兴并且不发生大规模性返贫的压力很大。

在当今形势下，乡村振兴的关键路径主要包括以下三个方面。一是加强数字赋能。要加强数字经济和数字技术在乡村振兴中的应用。建设创新基础设施，开展人才培训，强化组织保障，建立创新基地、创新园区是一个重要的方面。数字赋能有门槛，除了5G网络的覆盖，还有道路，特别还有物流仓储等。二是加强金融赋能。要发挥金融的加速器作用。需要注意的是，应当加强金融赋能和数字赋能的融合，做好品牌建设，利用金融网络和农村数字经济网络，将二者有机融合在一起。三是加强政府赋能。通过三个赋能的协同作用，可以为宜宾的乡村振兴发展提供一条很好的路径。

长江经济带思想沙龙

（第 13 期）

成渝地区双城经济圈融合发展研究

2022年5月8日上午，长江经济带思想沙龙（第13期）在线上举办。会议主题为"成渝地区双城经济圈融合发展研究"。会议邀请了国家发展改革委城市和小城镇改革发展中心主任史育龙、重庆市综合经济研究院院长易小光、重庆市委改革办改革三处处长叶文雄、四川省发改委推动成渝地区双城经济圈建设政策协同处处长罗鹏、四川省同城办专职副主任吴小冬、四川大学宜宾园区常务副院长胡晓兵、西南大学宜宾研究院副院长陈金凤、中国人民大学财政金融学院副院长钱宗鑫、中国人民大学国家发展与战略研究院院长助理、研究员宋鹭、中国人民大学财政金融学院副教授陆利平、中国人民大学经济学院副教授石慧敏、中国人民大学应用经济学院副教授席强敏、中国人民大学农业与农村发展学院副教授朱乾宇，会议由中国人民大学长江经济带研究院院长涂永红主持。

中国人民大学财政金融学院副院长钱宗鑫发表了主题演讲，详细阐述了第4版"成渝地区双城经济圈的融合发展指数指标体系"课题报告的前期研究成果。钱宗鑫副院长指出，课题的指标选择主要从两个维度去考虑和设计。一是成渝两地经济的各个方面融合；二是两地的发展。指标体系分六个一级指标，包括宏观、金融与产业、贸易、基础设施、创新、城乡融合发展，同时介绍了二级指标和三级指标。

国家发展改革委城市和小城镇改革发展中心主任史育龙认为，通过科学理性的发展评价指标来支撑成渝两地合作非常重要。史育龙主任总体上赞同课题中所提出的六个一级指标，对成渝双城协调发展作出了很好的评价，尤其是指标考虑到了上下游产业的关联程度，以及规上企业在跨行政边界设立分支机构；贸易指标还强调了两地边界效应的影响，甚至考虑到了两地股价的同步程度等，这些都是很好的评价思路和方向，对于准确把握两地合作进展，找短板、寻弱项很有启发和借鉴意义。

史育龙主任同时指出，对于成渝地区双城经济圈来说，更多强调的是协同，协同和融合是否具有一致性，还有待深入探究。史育龙主任指出，研究成渝问题有两大特点。一是突出强调两个中心城市的引领带动作用，如何发挥这两个城市的引领带动作用需要特别考虑和关注，因为这些要素在成渝双城发展规划里面体现得很充分。二是川渝两地由于特定的历史原因，到了20世纪90年代才成为两个行政区划，在讨论川渝问题的时候一直强调的是协同、协作，没有用融合的提法。融合的提法在规划文件中指的是更下一个层次的发展，比如说是强调重庆的中心城区与渝西地区融合发展、天府新区成都—眉山片区交界地带融合发展。一般意义就是城乡之间，以要素自由流动和高效配置为主要形态的城乡之间的融合发展。

因此，"成渝地区双城经济圈的融合发展指数指标体系"的内容要考虑两个方面。一方面能够体现两个中心城市的引领带动作用的发挥程度。因为两地的融合程度、协同程度在很大程度上取决于这两个中心城市的外溢效应，它们对周边地区的引领带动作用是否发挥出来了？这是很关键的。另一方面在成渝两地协同合作方面要考虑两地之间的行政壁垒、发展诉求、支持政策，以及技术标准的一致性，上述要素对于两地融合发展有着更为直接的作用。

史育龙主任还指出，一方面，"成渝地区双城经济圈的融合发展指数指标体系"里面指标数量太多，较为烦琐，更多是反映两地各自发展水平的指标。有的指标数据可能很接近，有的指标数据可能相差很大。由此产生一个难题：当两地发展指标的接近度较高时，其融合度是否更高？抑或指标差距较大的地区融合度更高？另一方面，部分指标不够精准，建议调整方向：大幅压缩宏观指标中仅反映发展水平、不体现两地融合程度的指标；尽可能不要使用绝对量指标，而是用流量指标来体现两地的联系和融合程度。

史育龙主任建议使用金融合作、贸易合作、基础设施一体化程度、城乡要素资源流通程度等指标，具体在制定上述指标的时候要关注是否消除了市场壁垒。主要体现在：一是曾经对川渝合作有很大影响的就是行政分割，行政分割这是非常大的问题。重庆区县行政层级比四川要高，导致行政审批权限不一致，对合作造成影响。目前这个问题是否消除？在哪些方面还有影响？行政审批带来了哪些壁垒？这些需要关注。二是发展诉求的问题，举例说明了两地对于铁路建设需求、产业上下游关联程度、技术标准等方面有着不一样的发展诉求，影响了两地之间的协调程度。

史育龙主任总结道：在构建成渝两地发展指标体系时，第一要考虑正向和反向两个方面，第二要更多地体现行政壁垒、发展诉求、支持政策、技术标准的协同性、一致性，有了高度的协调一致性，在同样的政策环境下，要素的自由流动和高效配置才有政策基础。从具体方面来看，基础设施要体现一体化程度的指标，综合经济实力、创新推动能力要更多体现中心城市对周边辐射带动作用等政策一致性指标。最后，史育龙主任指出，目前指标体系的第三个层级指标过多，把重要的关键指标淹没了，使得需要体现的指标无法突出。

重庆市综合经济研究院院长易小光针对成渝地区双城经济圈发展指标体系建设提出了四个方面的建议。第一，提出成渝地区双城经济圈特别强调一体化，以及双城的核心带动。在设立指标时，对于核心概念要更加侧重，进一步明确核心指标的概念。第二，赞同目前课题中的指数评价是从区域纵向的角度来建立。但是指数是侧重发展指数还是倾向于融合、协调、一体化指数值得思考。目前发展指数的建立已经比较成熟，指标数据的获取也相对容易，而融合、协调、一体化指数的数据获取更有难度，这是研究的难点。第三，融合、协调、一体化指数的数据从现有的统计口径难以取得，应当采取什么样的方式获取值得研究和思考。同时，指标数据本身并不能完全地直接定量统计而表述发展现状，用现有的统计指标体系很难达到研究目的，能否通过新的统计工具或者大数据方法进行分析、采集，再转为定量化的表述，这需要再研究。第四，研究者构建模型指数都希望越全面越好，但是往往难度很大。在构建理论模型时可以考虑更加充分，但是在实际运作方面需要结合定性＋定量的方法优化指标选择，或者定性＋定量＋专家＋实际经济工作者的结合来形成综合指数，这样会与现实结合得更加紧密。

重庆市委改革办改革三处处长叶文雄提出两点建议：第一，"成渝地区双城经济圈融合发展指数"名称再斟酌。一般常说城乡融合发展、区域协调发展，"融合发展指数"与传统认知有所差距。第二，指标体系要突出双城经济圈建设的特色，与京津冀、长三角、大湾区的指数区别开来。可以紧扣双城经济圈规划纲要，突出双城经济圈"两中心两地"的战略定位：一是建设具有全国影响力的重要经济中心，包括经济类指标。二是建设科技创新中心，包括与创新相关的指标。三是建设改革开放新高地，目前有部分开放指标，但缺少改革指标，数据收集难。基于这种情况，可以思考增加一些定性指标，如官方媒体报道相关数据。四是建设高品质生活宜居地，包括社会民生、人均收入水平等指标。

四川省发展改革委推动成渝地区双城经济圈建设政策协同处处长罗鹏提出两点建议：第一，明确指标制定的方向需要关注以下三个方面。一是区域内部联系与功能融合之间的关系，无论是交通、通信条件的改善，还是产业的联动发展，下一步应该更加注重功能的融合或协调，例如"总部＋基地"的方式，经济的总部设在成都、重庆主城区，很多生产发展的基地，可以设在"双圈"规划范围内，如宜宾、泸州、江津、永川等，一起来带动发展。二是重视产业相融及人文相融。行政区与经济区适度分离改革，从另外一个层面给我们提了一个方向，应该思考如何更好地从人文角度来融合，实现一体化的发展。三是重视行政区与经济区在改革中的探索。我国最初推动这种经济区与行政区适度分离改革有两种模式，一种是行政行为模式，比如苏州工业园区，由行政力量赋能，在符合当地规划的条件下，获得更多国家级的政策支持；另一种是市场力量带动，比如浙江，一个地区通过一个主导产业的一些市场行为集聚，加上政府在其中给予一些引导、帮助和支持。但是从经济区与行政区的分离角度来讲，产业与经济的融合非常明显地体现在特定区域之间。从成渝地区双城经济圈发展来看，提出了经济区与行政区适度分离改革的课题。这个课题更强调经济方面怎样融合、协同发展，因此要关注经济区与行政区协同分离改革的一些要求。第二，坚持目标导向。一是明确指标制定的目的是对成渝地区双城经济圈发展进行清晰刻画，明确目标后再去梳理二级、三级指标。二是可以增加一些非结构化的数据，说明表面现象背后的实际规律。建议由课题组提出一些在经济方面有独特性和代表性的指标；以及在市场主体研究分析方面，提出定性、定量的分析类别，比如民营经济中，比较有代表性的本土企业的竞争力、影响力等。

四川省同城办专职副主任吴小冬提出四点建议：第一，研究定位。融合、协同都是发展手段，最后所呈现的衡量标准是一体化发展水平。从一体化手段去建设城市群，关于研究定位建议课题组再斟酌。第二，研究范围。需要考虑是将研究范围扩大到四川和重庆全域，还是收缩在双城经济圈的规划范围内。一要突出双城经济圈建设的特色，将重庆（主城）和成都两个中心城市的引领带动作用作为重要考量因素，纳入指标体系构建中；二要围绕重庆（主城）和成都两个中心城市和周边地区去推动建设双城经济圈，不一定设置成指标，可以以案例分析的方式呈现。第三，研究取向。研究的重点不是去评价四川、重庆的发展水平，而是体现成渝地区跨行政区域的经济区协同协作一体化的水平。不一定要设置很多指标，但是每一个指标都需要说明一些问题。例如，如何打破行政分割、如何推进市场体系一体化建设、资源要素流动是否通畅、产业链协作或供应链协同等方面的进展情况等。第四，研究方法。创新研究手段，包括构建模型、开展深度调研分析等。

四川大学宜宾园区常务副院长胡晓兵指出，要搞清楚融合和协同这两个概念，如果不分清楚，指标体系建立就会有一些错位的地方。融合更多是指我们两个城市之间有些互补的地方，直接就融合在一起，相对来说容易一些。协同的前提是某些指标在两个城市之间存在一些近似关系。我们可能要对这些指标进行分类，哪些指标是需要我们去融合的，哪些指标是需要我们去协同的。例如在高等教育里重庆的布局比成都要完善得多。政法学院、美术学院、师范学院都是在重庆，四川缺少这些领域的专科院校。这些领域我们完全可以去融合，但是不需要协同。比如，在产业上有可以融合的指标，例如汽车产业，主要就在重庆，两地是可以去融合的，因为成都是全国第二大的汽车消费城市，而重庆汽车产业发达。但是在一些新经济指标上，比如人工智能、高端装备，两个城市有可能有竞合关系。成渝在地方特色上，与其他的经济圈略有不同，长三角、珠三角、京津冀这些经济圈都是存在一个龙头的城市引领。成渝两个城市从历史上更多是并列的关系，怎么去融合、协同，可能与其他三个经济圈不太一样，还需探索。

胡晓兵副院长还指出成渝地区双城经济圈的构建实际上是一个国家战略，成渝的融合不仅仅是经济上的融合。成渝是一个非常重要的国防基地，也是西向出口的重要通道。怎样在国家重大战略部署上去考虑融合？建议从微观到宏观，分类选取一些指标，这样做的难度非常大。

最后，胡晓兵副院长提出建议：请政府部门帮忙协调，为课题组提供一些便利，提供一些数据供课题组分析。将已经出台的一些政策，如两地的交通一体化（高铁月票）政策、购房政策、学籍政策等民生政策的落实情况的数据提供给课题组。相信课题组能够站在一个学术的、独立的立场上，为双城提供一些非常有参考意义的建议，也能在国家层面给我们争取一些更好的政策，让双城真正实现融合。

西南大学宜宾研究院副院长陈金凤对城乡融合发展谈了几点看法。陈金凤副院长指出，我们国家对农业农村的发展，包括城乡的发展，以前提的是统筹城乡发展。到了一定阶段，提的是城乡一体化发展。但现在明确提出了城乡融合发展。因此，从城乡发展的关系来讲，以强带弱、以城市带农村、以工业带农业、工农互促、城乡互动，是为了实现一体化的发展、共同发展、高质量发展。从这个意义来讲，我认为这个课题是有前瞻性的。指数一旦建构起来以后，可以定期更新。比如，今年发布时，侧重突出指数的协同和一体化，到了一定的阶段就真正达到融合发展。这个指数就是一个测度，相当于建构一把尺子来测度双城经济圈发展纲要里面提出的宏大的目标，以及下面每个分项的指标，用于表征改革的成效。

陈金凤副院长建议：首先要考虑这些指标对双城经济圈发展规划纲要的对接性、针对性，以及学理性和数据的易得性，这几个都要兼顾。目前指标所呈现的各个维度和后面这些二级、三级指标，总体上陈金凤副院长都是赞同的。

其次要紧密围绕双城经济圈规划建设、规划纲要里面城乡融合发展这个部分所提出的一些指标，将其翻译成数据易得、包含学理性的一些指标。可以对目前的指标体系进一步简化，突出关键核心指标。指标不在于多，但是能够画龙点睛，有代表性地刻画出城乡融合发展、资源要素的配置、产业的发展等方面。要做好规划纲要的指标和学术建构的指标之间的有机连接。

最后要说清楚指标支撑了规划建设规划纲要里面哪些内容。成渝地区双城经济圈发展的一个最终目标就是要融为一体，发挥双城的核心带动作用，打破行政壁垒、技术壁垒，发挥对周边城市的辐射带动作用，以中心带周边，以强带弱，以城带乡，最终实现共同发展，实现一体化。

中国人民大学应用经济学院副教授席强敏：第一就是关于指标方面，其实在指标体系中，发展水平以及协同发展水平这两方面的权重是同样重要的，有些城市群的差距逐渐缩小，但这种缩小可能是因为中心城区或者核心区的发展速度降下来，发展差距缩小。所以整体的发展水平、增长速度处于同样重要的地位。第二就是关于分析的空间单元，主要还是按照成渝双城整体的空间单元进行分析，来评价其发展水平和协同发展水平。创新这方面，其投入和产出整体不是特别重要，更加强调的是创新网络。因为网络信息流的创新流、支持合作流的密度增强，才更能体现成渝双城内部创新一体化的水平和程度。比如成都和重庆、重庆和周边、成都和周边的城市之间的专利合作等的水平。

中国人民大学财政金融学院副教授陆利平：金融和产业融合的数据是比较有限的，比如说一些金融机构的互市或投资，甚至是股票价格的相关度。比如说股票价格的同步都是比较间接的，我们认为股票相互之间有融合，这一点会体现在股票价格上，而用这些相对间接的数据去衡量融合，就需要相关的底层数据，从公开的数据收集是很难的。刚才专家提到一些非结构化数据，它需要大量的人员、资金去挖掘，所以这块儿也是比较难的。金融产业这一块儿数据相对偏少，因为一般统计口径不会统计到这种微观层面，如地区之间的资金流动、省内存款、存款投放等，这样的底层数据几乎没有。

中国人民大学国家发展与战略研究院院长助理、研究员宋鹭：第一点，指标和数据。三级指标看起来是发展型的绝对化指标，但是再重新去设计这个指标的时候更多是一个密度指标，如双城经济圈所在区域的重庆和四川的17个市级相关的发展数据，在整个重庆和四川的占比，或者说是在全国的占比形成一个密度的指标，然后通过这种密度指标，再来体现其协同的效果。第二点，多年度指标的延续性。通过一个延续性的研究，构建出一个非常科学且有针对性的指标体系。

中国人民大学农业与农村发展学院副教授朱乾宇：在城乡融合指标体系的科学性和可获得性的基础上，完成指标体系的分析，需要更多地区相关部门的支持。我们现在所提到的就是从经济的融合、生态的融合、治理的融合、生活水平的融合和城乡要素的融合这五个维度，放进去21个二级指标，整个课题组再去协商，研究如何进一步对指标体系进行一些优化和简化。

长江经济带思想沙龙

（第**14**期）

宜宾市文化旅游体育产业高质量发展之路

　　中国人民大学应用经济学院副院长黄隽教授提出了关于文化方面的思考，以"从数字经济看文化强国建设"为主题发表了演讲。

　　黄教授指出，文化的普惠性和人民性在不断提升。近几年受疫情的影响，线下文化消费有所下降。但从官方数据来看，截至2021年6月，我国网民规模超10亿人，全网用户人均每天使用的时长为3.84个小时。在互联网时代，网民平均线上文化消费的时间较多。黄教授认为，从时间方面来看，文化消费的地位空前提高。在数字经济时代，人人都是消费者，跨越了贫富差距和空间的差距，极大降低了搜索成本；同时，人人也都是供给者，成千上万的人提供特色、多元的文化产品，已成为文化供给的重要组成部分。

　　随着经济社会发展，文化的普惠水平得到了提高。在全球范围内，普通老百姓对文化、体育的接触越来越多。黄教授认为，普惠性和人民性是文化及体育建设重要的特点。文化和科技、金融的结合也逐渐加深。

　　黄教授还指出，建设文化强国主要体现在三个方面：社会文明程度、公共文化服务体系、现代文化产业体系。文化强国必须有对外影响力和传播力。经济和科技实力对文化产业的发展起到了很大的作用，特别是经济发展是文化和体育发展非常重要的基础。在国际上，国家的文化实力强才有更多的话语权和更大的影响力。现代文化产业的基础必须有雄厚的经济实力、卓越的教育体系、领先的科技创新水平。

北京体育大学体育商学院副院长白宇飞教授围绕"体育重要性再认知""生活体育新思考""体育旅游新机遇"三大主题，发表了演讲。

第一，体育重要性再认知。一是从历史深度正确认知体育的重要性。在中国共产党的领导下，中华民族实现了站起来、富起来、强起来，体育也实现了变革和发展，向世界展示了民族自尊、开放胸怀和大国自信。二是从时代高度正确认知体育的重要性。习近平总书记对体育的界定远远超出了文体的功能。体育不仅是提高人民健康水平的重要途径，还是满足大众对美好生活的向往的重要手段。同时，体育也是促进经济和社会发展的重要动力，是展示国家文化软实力的重要平台。三是从现实热度上正确认知体育重要性。国家对于体育明星的鼓励与支持，本质上是希望公众以他们为榜样，因为他们身上展现了很多新时代的优秀品质。

第二，生活体育新思考。从实践的角度来看，生活体育实际上是城市经济实力增强之后，生活品质显著提升背景之下，体育生活化的一种高级表现，基本特征是健康理念已经深入人心，运动元素渗透到全民的生活，体育在个人健康方面发挥重大作用，而且能够成为推动城市经济和社会进步的重要力量，甚至成为区域一体化发展的桥梁纽带。生活体育关系到经济、社会、生态、民生，这是一个多维度的话题。每个城市衡量生活体育发展水平，还要考虑其他几个重要的维度，包括龙头体育企业、基础设施、全民健身情况等。

生活体育才刚刚起步，宜宾应该抢占先机，厘清宜宾的资源禀赋优势，明确发展方向，在打造全国生活体育样板城市的同时，也推动现代化区域中心城市的建设发展。

第三，体育旅游新机遇。体育旅游主要受三个因素影响，收入、人口和供给。收入是基础，因为这是一个消费升级的产业业态。从收入来看，当收入不充足时，旅游业不发达，体育产业也不发达，体育旅游更难崛起，其发展需要有足够的人口，而供给也很关键。从收入角度看，两个数字是很关键的：一个数字是8000美元，一个数字是1万美元（均为人均GDP指标）。当一个国家的人均GDP跨过上述节点之后，往往会迎来消费升级——突破8000美元后，主要变化体现在旅游业；突破1万美元后，表现的亮点将在体育产业。

到2035年，我国人均GDP达到中等发达国家水平，中等收入群体显著扩大，这为体育旅游的发展提供了坚实的收入支撑，是重大利好。宜宾的GDP在四川全省位列第三，人均GDP也处在第一梯队，为体育旅游提供了一个重要的收入支撑。

从人口来看，体现在总量和结构上，总量要多，结构要以年轻人为主，才能更好地支撑体育旅游发展。当前老龄化趋势严峻，据第七次全国人口普查结果，全国14亿多人口中60岁以上人口大概占18.7%，川渝地区基本上都处在超老龄化状态，分别是21.71%和21.87%，按照国际统计的口径（65岁及以上标准），川渝已进入深度老龄社会。人口总量方面，我们很有优势；结构方面，挑战很严峻。对宜宾来说，宜宾人口总量排全省第六，65岁及以上人口占比为15.76%，排全省前三，具有一定优势。从数字化供给因素来看，数字化不仅是支持文化的重要工具和手段，同时也是支持体育旅游的重要手段。

白教授提出，数字化转型助力体育旅游业更广阔价值空间的形成，主要是从规模经济和范围经济来支撑；数字化转型助力体育供给与需求精准匹配的达成，已经通过数字化可以非常清晰地了解从事体育锻炼或者说参与体育旅游的人群的准确需求，可以区分出年龄、性别、阶层，有助于更精准地匹配；数字化转型助力体育旅游企业成本降低的实现，一方面主要是人力成本会下降，另一方面是边际成本和交易成本也会下降；数字化转型助力体育旅游消费增长的持续，有助于整个体育旅游消费场景构建，特别是一些虚拟化场景的构建。

最后，白教授认为，宜宾能够成为全国生活体育的样板城市或排头兵。中央电视台和央视网将推出关于生活体育的一系列相关活动和评比，宜宾应当抢占先机。因为生活体育覆盖社会、城市、经济、生态等方方面面，有助于推动现代化区域中心城市的建设。同时，积极打造国家级的企业、精品线路和赛事，对宜宾发展生活体育是个非常好的契机。

四川省教育厅原副厅长、中国人民大学商学院彭翊教授指出，宜宾文化旅游体育产业发展较快，在全省处于中上水平，有良好的发展前景，应当充分利用大型体育赛事作为抓手，打造优质的体育品牌赛事，并且要与省级管理部门协调好关系。另外，彭教授指出，宜宾在长江文化方面做得还不够深入，要把本地特色优质资源用好用足，创作一批文艺精品，引进一批精品文艺演出剧目，实现文化旅游和体育产业的紧密结合。

宜宾市政协科教卫体委主任宋亮针对体育产业发展提出两点建议：一是统筹规划体育资源，完善基础设施，举办体育赛事，加强体育、旅游融合发展；二是优化文化结构，加强体育教育，促进体育、文化融合发展。

宜宾市教育和体育局规划财务与体育产业科科长赵兴宽介绍了宜宾体育产业的基本情况：截至2021年年底，全市有体育企业1211家，其中法人和产业单位353家，个体经营户858家。2021年宜宾共举办体育赛事47个，比2020年减少57个；参赛人数达17004人次，比2020年减少了50783人次。2021年年底全市共有13859块体育场地，总面积约938万平方米，全市人均体育场地面积2.05平方米。2020年全市体育产业总产出143.73亿元，全省排名第二；人均体育消费支出1855.66元，全省排名第四。

宜宾体育产业存在的主要问题：一是体育公共服务体系亟待完善，体育场馆设施建设不能满足体育事业发展需求。缺乏大型体育场馆，导致未能成功举办省运会。二是全市人均体育场地面积离国家标准还有差距。2021年人均体育场地面积2.05平方米，离全国人均体育场地面积2.62平方米还有差距。三是体育产业规模总体偏小，知名赛事、品牌少。四是体育专业人才匮乏。五是体育产业支持政策还需完善。

赵科长从以下几个方面提出了宜宾未来体育规划探索：一是全面发展体育产业，实现全民健身。二是强化资源供给，完善体育基础设施。继续谋划申请建设大型体育场馆，争取举办省运会；打造市县镇村全民健身公共服务体系。三是振兴体育产业，实施体育+产业行动，举办大型赛事，推进体育、旅游融合发展；大力挖掘优秀文化，推进体育、文化融合发展；完善体育服务综合体系，促进体育消费，拉动体育产业发展。

中国管理科学学会体育管理专业委员会副秘书长、北京体育大学体育商学院宋赫民副教授介绍了中国体育产业概况。

从中国体育产业的规模来看，"十三五"规划时期，得益于2014年出台的46号文件等政策的利好、居民消费提升以及体育服务业的高速发展，我国的体育产业发展比较迅速，经测算，体育产业在"十三五"时期年均复合增长率约为7.6%。根据国家发展改革委公布的相关统计数据，我国在"十三五"时期的前四年GDP的年均增长6.6%左右（第五年也就是2020年，因为受到疫情的影响，GDP增长2.3%左右），在全球也是一个较好的正增长的趋势。而同期的体育产业年均复合增长率超过了GDP的增速，可以看出来我国体育产业作为经济增长的一个新动能的贡献。

我国提出到2025年我国的体育产业总规模要达到5万亿元，按这样的目标测算，2020年至2025年年均复合增长率将达到12.8%，意味着体育产业的年均复合增长率在"十四五"期间的增速要远远超过GDP的增速，也更进一步地看出了国家的体育产业在经济发展中的重要驱动作用。

具体从体育产业的结构来看。在"十三五"时期，体育产业当中的体育服务业发展速度比较快。根据国家统计局的分类，体育服务业实际上包括体育管理活动、体育竞赛表演活动等9个分类。经测算，体育服务业在"十三五"时期的年均复合增长率达到了15.7%，这也凸显中国体育产业中体育服务业所占的比重越来越高的发展趋势。截至 2020 年年底，体育服务业的增加值实际上占到了体育产业增加值的 68.7%，比例进一步提高。

从体育用品及相关产品制造与体育服务业的对比可以看出，在"十三五"时期体育用品及相关产品制造发展一直比较平稳，但是体育服务业在"十三五"时期的发展是比较迅速的，尤其是在 2019 年这个节点，把体育服务业的 9 个分类加总以后，总产出在 2019 年超越了体育用品制造业，趋势非常明显。虽然 2020 年体育服务业由于疫情的影响稍微有所下滑，但是可以预期在未来时间节点上，体育服务业的发展仍然是体育产业里面一个重要的驱动力。

从结构上看，体育场地设施建设也占据一部分的比例。"十三五"时期体育场地设施的建设还处于稳步增长的阶段。数据统计显示，截至 2021 年，全国共有体育场地 397.1 万个，体育场地的总面积达到 34.1 亿平方米，人均体育场地面积 2.41 平方米。2019 年，国务院办公厅印发的《体育强国建设纲要》明确提出，2035 年人均体育场地面积达到 2.5 平方米。从目前的数字来看，2021 年的人均体育场地面积在 2.62 平方米，已经达成了人均体育场地面积的目标。

宋教授接下来简要分析了地方政府体育产业政策的着力点。

首先，从国家的整体的布局上，2019 年国家发布了两个文件，一个是《体育强国建设纲要》，另一个是《关于促进全民健身和体育消费 推动体育产业高质量发展的意见》。2021 年国家又发布了两个非常重要的政策文件，一个是《中华人民共和国国民经济和社会发展第十四个五年规划和 2035 年远景目标纲要》，另一个是《全民健身计划（2021—2025 年）》。这一系列的政策文件为体育产业的发展注入新的动力，体育产业的发展即将进入新阶段。

其次，在国家政策的引领下，地方政府也结合了当地的体育发展的特色，制定了一系列配套的政策，全方位地支持体育产业发展的水平。这里以四个省市的政策文件为例分析政策的着力点。先看《浙江省体育改革发展"十四五"规划》，可以发现，浙江的政策文件与别的省市略微有所差别，其发布时间是2021年3月，与党中央提出的共同富裕目标的时间节点非常相近，而《中共中央 国务院关于支持浙江高质量发展建设共同富裕示范区的意见》（以下简称《意见》）是在2021年5月出台的。从整体的文件规划来看，《浙江省体育改革发展"十四五"规划》与共同富裕示范区的建设是相匹配的。《浙江省体育改革发展"十四五"规划》的发布主体，除了浙江省体育局，还有浙江省发展改革委。从《浙江省体育改革发展"十四五"规划》政策要点来看，比如说创建体育现代化的县（市、区）、体育产业总产出达到5000亿元以上、打造体育整体智治示范区，也与《意见》中的建设共同富裕示范区是相匹配的。

再看《南京市"十四五"体育发展规划》。2014年，习近平总书记视察江苏，擘画了"强富美高"新江苏宏伟蓝图。这是当前江苏的发展新途径，南京市体育局在制定"十四五"规划时，提出了打造一个与"强富美高"相匹配的体育产业。从政策要点来看，它是围绕"强富美高"，围绕如何去提高赛事品质展开的，也是与南京的城市定位相匹配的。

接着再看《黑龙江省"十四五"体育发展规划》。它与北京冬奥会的举办、冰雪产业息息相关。它的政策要点很多，都是围绕冰雪产业衍生的一系列产业链展开，以冰雪产业为特色，打造"十四五"体育发展规划，这是其发展前景。

最后再看成都的《成都市"十四五"世界赛事名城建设规划》。在规划的名称里面就凸显出其工作重点——以赛事为引领，打造顶级赛事。通过赛事，围绕构建体育赛事认定—评估—扶持的一体化管理体系，来引领体育产业的发展。

通过以上政策可以看出，不同省市在体育产业规划的过程中，一方面要考虑自身体育产业发展的特色，另一方面更重要的是要与城市的一些定位相符。只有围绕党中央政策，将地方特色与地方政策相结合，所形成的体育产业发展规划才能更好地融入城市的发展，这种规划着力点是值得学习和研究的。

中国人民大学文化产业研究院执行院长曾繁文介绍，课题组当前的研究主要聚焦文旅产业的发展、公共服务体系的建设、配套设施的建设，以及人才的培养等几个维度。围绕现在课题关注的重点方向，请宜宾各位领导提供一些相关资料，也期待下次去调研的时候，能面对面地来做更多的交流。

中国人民大学文化产业研究院副院长郭林文指出，课题的研究有两层含义：首先，为宜宾建设文化强市、旅游强市、体育强市提供理论和应用层面的支撑；其次，体现融合发展理念——文化旅游体育不能单纯地就其本身来谈发展，而应该从一个相互交融且与健康、教育等领域深度融合的角度来考虑。

基于目前总体的思路，希望能够听到各位领导介绍宜宾文化旅游体育的现状以及未来的发展规划。

在产业方面主要是想了解文化旅游体育产业现在的整体情况、存在的问题以及下一步的思路。具体来说，包括产业载体的建设情况、市场主体的引进和培育情况、扶持政策的情况、产业提供服务的情况，包括创新创业环境在内的整体的营商环境的打造情况、促进团体消费等，请各位领导围绕这些方面提供更多的信息和思路。

另外，在公共文体方面，请各位领导介绍基础设施的建设、公共文体活动的举办、公共文体服务的供给等情况，以及在政策和机制层面为公共文体服务体系建设提供思路支撑。

宜宾两海示范区管委会文化旅游产业发展局局长陶兴林深刻分析宜宾两海示范区（景区）的发展困境，提出以"旅游+"为破题关键，加快推动宜宾传统观光型景区改造升级。

陶局长指出，宜宾两海示范区（景区）是典型的传统观光型景区，其面临如下几个方面的困境：一是无法满足消费升级的时代需求，传统观光型景区开始没落。在2013—2014年，我国人均GDP接近8000美元，彼时整个旅游业出现了井喷式增长。但随着人均GDP逐渐达到1万美元左右，消费升级步伐显著加快，传统观光型景区已经无法满足消费升级的市场需求。自2018年起，这类景区的发展开始走下坡路。同时疫情也进一步加速了传统观光型景区的没落。二是受限于时节变化，旅游业淡旺季问题严重。宜宾景区的淡旺季非常明显，旺季如国庆黄金周，因为游客聚集，往往出现堵车、高消费、宰客等乱象，而淡季尤其是11—12月，在较好的情况下，每天游客也才一两百人，最高三四百人，这也是宜宾两海示范区（景区）的一大痛点。三是盈利模式单一且较为低端，长期依赖门票经济，景区经济收入无法支撑运营。宜宾两海示范区（景区）旅游产品单一，产业体系不健全，对高端客源市场吸引力以及景区盈利能力弱，近两年来受疫情影响较大。到2022年5月，景区的门票收入只有几百万元左右（蜀南竹海门票收入400万元左右），而每年的运营成本和其他财务成本高达四五千万元。

对此陶局长提出，宜宾要以"旅游+"为发展重点，通过打造"旅游+体育""旅游+文化"等模式，积极引进一批探险类、冰雪类等体育项目或赛事，一方面可以改变景区的单一旅游产品，丰富产品体系，弥补产品布局空白，解决淡旺季的问题；另一方面可以调整客群结构，吸引更多高净值的人群，提高游客消费能级。

宜宾市发展改革委社会发展科科长张智鹏围绕宜宾建设区域文化旅游体育中心目标，从补齐短板入手，探寻文化旅游体育的破题路径。

首先，张科长从三个方面分析了宜宾建设区域文化旅游体育中心的短板问题。一是宜宾在文化旅游体育方面的基础设施和品牌建设薄弱。对标全省，"十三五"末，宜宾每万人拥有公共文化设施面积是307平方米，比全省低8.7平方米；公共图书馆的人均藏书量是0.3册，比全省低0.2册；每万人人均体育场地面积是1.26平方米，比全省低0.34平方米。同时，在品创方面，宜宾目前只有4A级景区，也是唯一一个4A未成功升级5A的城市，旅游精品建设严重滞后于其他城市。

二是审批政策收紧，文化主题公园申请受限。立足宜宾旅游产业的现状进行分析，文化旅游更见效益且相对容易，但目前国家对文化主题公园的审批全面收紧，文化主题公园申报项目难度增大。政策制度等外部因素也进一步加剧了文化旅游方面的社会投资心理障碍。三是资金短缺问题严重。现在旅游已经走向市场化和产业化，政府资金支持非常有限。就中央预算内投资而言，宜宾旅游业"十四五"预算额度为3300万元，分到体育和文化领域则更少，以体育旅游为例，四川一年总额度1.6亿元，包含体育公园、健身步道、全民健身中心等项目，每个项目最高有2000万元预算额度，平均到每个市/州寥寥无几。

其次，张科长从发展改革委职能出发，提出几点建议：一是做好总体规划，宜宾的"十四五"规划和2035年远景目标纲要，提出全面实施健康宜宾战略，全面开展国民体质监测；把公共文化体育基础设施建设融入整个城市的建设之中，加快补齐基础设施短板；加强体育场馆建设，积极建设国家特色体育训练基地，打造川滇黔接合部的区域体育中心；支持公办中小学校和高校的体育场馆、附属设施向社会分时段开放，营造全民健身运动的良好氛围。二是高水平承办国家和省级的重大体育赛事，积极申办省运会；主办或承办重大论坛、重要峰会和会议会展等活动，合理布局体文旅产业，丰富旅游产业生态，带动体文旅高质量融合发展。三是进一步放权赋能，引入大型文旅集团、做强市域文旅企业，发挥市场主体在投资建设、策划运营、服务管理等方面的主力军作用，强化区域文化旅游体育中心建设的内生动力。

蜀南文旅集团党委委员、纪委书记马艳首先简要介绍蜀南文旅集团基本情况，指出蜀南文旅集团现在承担了宜宾文化旅游康养体育产业及资本运作，定位为旅游康养体育，并且成立了文化传媒市级平台公司，为公益性质，主要负责文化、广电、传媒。

马书记指出集团发展面临的问题。一方面，缺乏资金，融资困难。集团资产总和44.28亿元，但负债达30亿元。集团承担基础设施建设，投资主要用于基建，共7.1亿元，但是运营效益只有1亿多元。集团企业板块40多个，实际运行9个，其余的板块是为解决运作资金、项目推进，以及竹海石海遗留问题。另一方面，企业协调能力不足，需要政府部门积极协调。2019年集团举办金鹰赛，参加的人虽不多，但是宣传效果好，赛后启动了2020年的第一次国际马拉松，报名效果很好，累计2万人报名，计划2020—2023年扩大规模。因为疫情原因赛事推迟，集团也和教体局、文旅局积极联系，希望能得到政府支持。

随后，马书记提出，要实现文化旅游体育产业高质量发展，需实施四个战略。一是打造"两海"，以旅游为主打，以点带面带动周边；二是实施多元化，重点抓文创，引进企业合作，实现"康养＋体育"；三是实施科创化战略，股权、资金投资与战略并购相结合；四是实施转型化战略，实行法人治理结构，体验式旅游。文化旅游体育产业是提升城市影响力的重要途径，只要多方发力定能实现文化旅游体育产业高质量发展。

宜宾首创文化传媒有限责任公司董事长庞敏指出，举办赛事活动对推动城市功能完善、带动旅游业发展、提升城市形象、加快体育产业发展和优化产业结构有积极作用，以流量带动产业发展，赛事经济是服务业的先导产业和新的经济增长极。主要体现在以下三个方面。

一是"体育＋赛事"融合。赛事活动云集着来自全国各地的运动员、工作人员，延伸到体育融合发展的各个领域，标准化的赛事流程让赛事更规范、安全、轻松。体育产业是朝阳产业、幸福产业，发展潜力巨大、群众需求旺盛。围绕建设体育强市、高质量发展体育中心要求，以品牌赛事为引领，以"体育＋赛事"为路径，坚持政府引导与市场主导相结合，做精赛事品牌，打造自主品牌赛事，加强赛事宣传营销，努力将每项赛事都打造成展示城市形象、赢得群众口碑的精品赛事，共享赛事红利。

二是"体育＋产业"融合。体育商业综合体培育着体育产业链。产业融合加速推进，市场活力不断激发。体育产业既能强健人民体魄，也能让大众健身消费助力经济社会发展，带动吃住行、娱乐购，扩大劳动就业，成为拉动内需的新的经济增长极。

三是"体育+跨界"融合。扩大体育消费，需要创新商业模式，探索新的产业领域。"体育+"不妨在垂直领域发力，在各个细分行业满足民众参与需求。比如，北京冬奥会期间体育文创产品冰墩墩热度居高不下，体育产业正成为当前行业跨界风口。体育不只是专业竞技，更是大众活动。"体育+"与每个人都有关系，扩大体育消费，引导民众参与，逐步让体育成为一种生活方式，才能真正实现"体育+"的转型升级。

最后，庞董事长围绕思想沙龙主题提出建议：一要整合全市体育场馆资源。积极争取国家级和省级赛事落户宜宾，集中场馆资源，提高场馆使用率，加大对举办赛事活动的奖补支持力度；二要加大对体育制造业招商力度，配套相应政策，培育一批体育产业示范企业；三要加强对体育产业人才培养，充分用好宜宾高等院校资源，做好产教融合工作。

长江经济带思想沙龙

（第 15 期）

产业基金支持长江经济带绿色创新发展

推动长江经济带发展是党中央作出的重大决策，是关系国家发展全局的重大战略。2021年9月，财政部印发《关于全面推动长江经济带发展财税支持政策的方案》（财预〔2021〕108号），明确国家绿色发展基金等重点投向长江经济带，加快培育绿色产业相关市场主体，更好地服务长江经济带绿色发展；支持加快破除旧动能和培育新动能，塑造创新驱动发展新优势。产业基金在支持长江经济带绿色创新发展上发挥了重要作用，为充分挖掘沿线城市实践经验，对比分析各城市面临的机遇与挑战，2022年6月1日，中国人民大学长江经济带研究院与西南财经大学长江金融研究院组成联合调研组赴合肥等地调研，与安徽省私募基金业协会联合举办长江经济带思想沙龙（第15期）。

中国人民大学长江经济带研究院院长涂永红教授以"金融支持长江经济带绿色创新发展的理论与实践"为题，围绕绿色创新内涵、长江经济带绿色创新发展指数（2021）、合肥与宜宾案例介绍、金融支持绿色创新发展的建议四个方面进行了分享。

涂永红教授认为，按照城市（区域）发展和"投入—产出"逻辑，绿色创新可定义为：以可持续发展为目标，以创新为驱动力，通过相对较少的人力、资本和资源等要素投入，在减少或避免生态环境破坏的基础上，获得优质的创新产出、经济效益和绿色增长空间，以期实现城市经济社会发展和生态文明建设相互协调。党的十八大以后我国开始践行新发展理念，其中创新排在第一位，因为创新是高质量发展的动力。目前的全球气候变化、公共卫生危机都与人类破坏生态环境有关，无论产业怎么升级，经济动力如何转换，都必须以绿色为底色。因此，长江经济带绿色发展很关键，需要长江经济带沿线城市切实负起责任来。

涂永红教授表示，长江经济带沿线城市各有特色，资源禀赋和发展模式千差万别，哪些城市发展得好，哪些城市还存在短板，必须有科学的评价体系。为了帮助长江经济带沿线城市找出其在绿色创新发展中的问题和亮点，为城市绿色创新发展提供决策的依据，我们在确定长江经济带绿色创新发展指数编制原则、指数构成、指数特色、指数价值等方面进行了充分考量，经济产出除了参照GDP等指标以外，也要参照创造产出、绿色、生态环境、健康生活等指标。

涂永红教授总结了合肥绿色创新发展经验。一是研发投入。在研发内部经费支出、一般公共预算收支维度等方面领先优势明显，同时在人才资源方面具有得天独厚的优势。二是创新基础。合肥完善城市交通体系，建强合肥综合性国家科学中心，加快建设通信网络基础设施，夯实了创新基础。三是创新转化。打造创新技术平台，以基础科研抢占创新制高点，围绕产业需求加速建设中科大先研院、合工大智能院等21家"政产学研用金"一体化新型研发机构。四是创造产出。合肥集中力量推动"科技项目攻关、科技成果转化、科技企业培育"，开展应用基础研究、推动科技成果转化、培育壮大科技企业。五是绿色经济。依托区域科技创新资源以及促进低碳发展的政策，低碳化发展趋势明显。积极推动能源结构优化，实现科技孵化基地遍地开花。

涂永红教授对宜宾绿色创新发展排名情况进行了介绍。2017—2019年，宜宾在长江经济带110个城市中，绿色创新发展排名分别为第66名、第58名和第45名，三年内进步了21名。其绿色创新产出指数中的绿色经济指标表现尤为突出，在110个长江经济带城市中于2018年和2019年跻身前十，表现出较强优势。

从四川省内来看，2017—2019年宜宾在四川18个城市排名中前进3名，于2019年位列全省第三名，绿色创新发展成效显著。宜宾近几年创新动力加速释放，2019年创新转化、绿色经济四个子指标的排名均挤进全省前五，绿色经济指标（碳强度、能源强度、工业固体废物综合利用率）排名位于四川榜首，绿色经济发展成绩显著。

宜宾取得亮眼成绩背后的原因在于：大力实施"产业发展双轮驱动"战略。一是注重加强对传统产业的政策支持与引导，加快名优白酒、综合能源、化工轻纺建材、装备制造、绿色食品等传统产业的提质增效；大力引进新兴产业，做大动力电池、人工智能、新材料和智能终端等新产业，发挥宁德时代的龙头作用。二是发挥"产教融合"示范市的作用，推进学教研产城融合发展，实现产业融合创新发展。三是以绿色发展打造生态宜居家园，重点控制建材、化工等重点行业碳排放，建设近零碳排放区示范工程，实施重点节能减排工程；同时，推进长江生态综合治理，统筹长江生态修复、污染治理，抓好棚户区改造工程。

涂永红教授建议，金融支持长江经济带绿色创新发展：一是财政政策要助力绿色创新产业发展。通过配置绿色财政专项资金，扩大绿色信贷规模，引导产业投资基金、地方政府债券等资本市场工具投资绿色产业，强化绿色产业的经济效益、社会效益与生态效益。二是建立健全绿色金融服务体系。优化金融资源配置，增加融资总量，丰富融资渠道，建立绿色低碳综合金融服务平台；深化绿色金融体制机制改革，激发市场活力；完善金融机构支持绿色低碳机构设置，推动绿色金融专营机构建设；坚持自主创新和引入专业资源相结合，提高金融支持绿色低碳转型发展的能力。三是加大科技金融服务降低企业创新成本。拓宽科技型企业融资渠道；发展科技融资担保、科技保险等金融服务；健全金融中介服务体系，实现创业创新活动与市场的无缝对接。

西南财经大学长江金融研究院副院长杜世光围绕产业基金推动长

江经济带绿色创新发展的战略意义进行了主题演讲。他指出，绿色经济是一种新的经济发展方式，这种新发展方式源于创新，通过资本、人力、政策等推动技术的革新，促使经济从传统的粗放式发展模式转向以效率、和谐、持续为目标的发展模式。

杜世光副院长首先从绿色发展视角阐述产业基金的战略意义，指出绿色发展是经济发展方式的转变，注重的是社会经济效率的提升，具有宏观性、长期性、创新性；市场关注的是经济效益的最大化，主要体现在微观、短期层面。经济效率的提升、发展方式的转变会给市场带来阵痛，而市场是创新主体的来源。效率与效益、长期与短期、稳固与创新有时是相互冲突的，仅依靠市场，很多时候会失灵，至少在短期会如此。如何同时实现经济发展长期目标与短期目标？如何协调宏观与微观的诉求？需要政府通过财政杠杆、政策、税收等措施支持，引导社会资金、人力积极参与，共同推动。在这方面，产业基金无疑是十分重要的载体，通过母基金、层层子基金撬动大量社会资本，同时利用各种激励手段、采取市场化方式引导社会资源全面参与绿色经济发展。经过多年的探索、规范发展，我国产业基金在2015—2016年迎来爆发式增长，对绿色经济发展起到巨大的推动作用。

其次，杜世光副院长从创新发展视角分析产业基金的战略意义。杜世光副院长指出，中国要完成制造业升级，必须加快创新，这需要政府和市场良好地对接，产生共振。政府引导基金和产业基金从西方国家几十年来的发展经验来看，可很好地实现这一目标。这也是2010年以来政府产业基金快速发展的原因。但我国产业基金在快速发展的过程中存在短平快，遇到很多问题，故2018年后增速有所下降。本次调研的主要目的就是学习了解合肥市政府如何高效地发展产业基金，推动地方绿色创新发展。另外，长江经济带绿色创新发展存在"东中西"效率递减的不平衡现象，长江经济带工业绿色创新如何协同发展也是调研组想要探索的一个课题。

最后，杜世光副院长与在场的领导、专家围绕政府与基金管理人目标的协调、基金招商、对产业基金各级代理人考核和激励约束等方面进行了广泛讨论。

安徽省私募基金协会会长王东首先介绍了安徽省私募基金协会的基本情况以及安徽产业基金发展情况。安徽省私募基金协会由安徽省证监局主管，主要致力于安徽产业基金推动实体经济发展。同时，王东会长介绍了部分基金的情况，包括金通智汇、安元基金等。安徽产业基金发展的区位优势明显。从经济、地理区域来看，安徽属于长三角的腹地，类似于长三角的生产制造基地。从交通区位来看，合肥到上海约2小时车程，到南京约1小时，到杭州约2小时，交通便捷。地理优势对金融、经济的支撑作用很大，同时长三角专项一体化的政策，也给安徽带来了机遇和活力。

随后，王东会长分析了安徽的金融体系。从股权角度来看，2021年安徽A股上市公司数量在中部地区排名第一。然而，安徽省委积极谋求深度融入长三角一体化发展，要求安徽各项指标参与长三角排名。在与长三角地区比较时，与江浙沪存在显著差距。目前，安徽许多经济指标被纳入长三角地区统一排名体系，成绩还有差距，追赶具有一定的压力。同时，王东会长指出，安徽在承接制造业产业转移集聚方面发展空间巨大，金融支持实体经济的市场潜力巨大，且近年来安徽的上市公司中制造业企业占比显著提升。

最后，王东会长介绍了合肥产业基金和科技优势。合肥的基金板块主要由两个龙头带动：一个是兴泰集团；另一个隶属于建投板块，投资了蔚来汽车、京东方等企业，包括国内第三大半导体代工企业——晶合集成。合肥科技优势明显，合肥的高新技术产业开发区是国家级高新区，它依托中国科学院、中国科学技术大学、合肥工业大学、安徽大学等高校资源。合肥的半导体的封测以及人工智能等高新技术方面比较有特色，为合肥实现了高质量的科技赋能。最近几年大部分上市公司集聚在合肥高新区。由于经济体系好，合肥产业形成良性循环，呈现出有进有退、动态迭代的持续发展过程，结合营商环境的优化，全市经济活跃度逐步提升。无论是"合肥模式"还是安徽推行的基金金融撬动模式，均体现出市场逻辑和资本力量的作用。

安徽安元投资基金管理有限公司总经理屠思强对安元投资基金的情况进行了介绍。安元投资基金是省属投资平台，是安徽省私募协会的副会长单位，是国元金控旗下的品牌，是"募、投、管、退"的全牌照公司。安元投资基金管理规模是200亿元，在手项目是176个，已经投资70多亿元，上市公司已经有20多家。2021年，安元投资基金大概募集了13亿元、投资了17亿元。

屠思强总经理指出，安元投资基金作为省属国企，同时也是一家市场化程度较高的金融机构。其投资项目中，60%～70%在安徽本地，同时在各地市都设有子基金，包括专项资金、专项基金和行业基金。安元投资基金立足于全国，长三角地区是项目投资的重点区域，特别是在江苏省内项目投资较多。此外，该基金与国内头部投资机构合作，如同创伟业、嘉华资本，东鹏饮料、泰康等也参与其中，在民营项目上进行了投资。屠总经理指出，现在随着资本市场的变化，包括股市下行、注册制等因素，对一线投资工作是一个巨大挑战。

合肥兴泰资本管理有限公司经理韩蕾围绕产业基金考核容错机制谈了个人的思考。韩蕾经理先介绍了兴泰资本主要是做政府产业引导母基金，母基金下设参股基金，也有直投项目。金通智汇、安元投资都是兴泰资本下面参股的基金管理机构。韩蕾经理指出，政府做很多基金项目都是一事一议，如果项目前景好，政府将根据项目情况设置投资模式，自己主导投资或者用产业基金资金来投。

韩蕾经理还谈到了产业母基金考核体系，指出兴泰资本会考核管理机构，但是也受国资公司考核。虽然部分项目有容错机制，但是大部分项目的投资退出时，政府规定项目不能亏损，对基金考核挑战巨大。投资资金来自政府，且政策规定"投早投小"，导致投资风格偏向谨慎，投资进度缓慢，项目尽调程序严谨，进而错失优质项目。例如有些项目在最佳投资期因为审批流程复杂、投资风格保守，错过了适宜的投资期限，待后期投资时项目成本就非常高。

安徽交控资本基金管理有限公司投资经理张欣针对产业基金考核容错谈了自己的看法。产业基金在投资阶段、巡视阶段、审计阶段时，如果有一个项目出了问题，整个基金考评或者打分就很低，影响整体绩效。而项目总体考核结果盈利也会导致考评结果不理想。原因在于产业基金管理考核人和实际业务的考核人是两个组织，形成了两个相对的评价体系，虽然在签订合作协议时规定较为模糊，但维持项目容错考核的平衡性存在困难。

安徽金通智汇投资管理有限公司管理合伙人朱海生结合实际基金运作中面临的问题与解决经验，围绕产业基金运作中政府与市场的关系，以及政府对基金管理人的管理进行提炼分享。

首先，朱海生指出处理基金运作中政府引导与市场资本利益化的矛盾，关键在于划定基金来源渠道和成立目标定位。以政府资金为主的投资基金，更多是考虑社会化效果，以有利于当地经济布局和经济的发展为目标，投资周期较长的基础性、核心技术等社会福利类项目。以社会资本为主的投资基金，更多倾向于市场逐利，追求利益最大化，这需要协调投资项目的市场化效益，寻求符合双方的利益点，建议在投资项目的设定上，可以实施项目打包，将优质项目与一般基础性项目捆绑，以此来平衡总体收益的问题。

其次，朱海生认为，应根据基金的不同，设定灵活、科学的基金激励和容错机制，切合实际制定各投资期和退出期的考核标准，不局限于投资收益，更注重投资的项目数量、投资领域和风险管控。特别是针对初创型的天使基金、种子基金以及科技成果转化基金等早期投资项目，本身具有较高的投资风险，需要设定适宜的容错机制和分类管理机制，在企业培育期精准筛选出快速成长型、缓慢发展型和无效投资项目，引入省市、地方及基金公司三方配套培育，推动整个产业链的发展。

安徽安元投资基金管理有限公司投资管理部经理吴睿首先分享了

海螺水泥的案例。海螺水泥成立母基金时，在基金管理人选及流程上面临了一些难题，一方面要确保人选的安全性，另一方面要保证流程的合规性。因此还需要进一步探索母基金的管理模式。接着，吴睿经理介绍了安元投资基金成立的背景，指出安元投资基金作为国有控股企业，同时也是券商平台，通过与券商合作，扶持企业上市，从而获得回报。但安元投资基金仍然以服务地方实体经济为主，重点支持安徽省内企业发展，通过资金注入等多种形式，撬动更多社会资本，盘活资源。如何选择一个优秀的投资机构与政府合作，需要综合考量四方面因素：一是业绩回报，二是品牌效应，三是规模程度，四是企业性质。

安徽省委、省政府研究中心处处长王尚改作总结发言，指出安徽基金、产业是两个高频热词，并指出金融有三个性质，即效益性、安全性、流动性。王尚改处长提出了以下看法：

一是安徽面临巨大的发展机遇，长三角一体化高质量发展对未来长远影响最大。过去安徽的特点是下得快上得慢，但是目前变成了下得慢上得快，到5月，安徽的经济恢复的迹象很明显。

二是长江经济带绿色创新发展理念不仅要成为安徽各级干部的思想自觉，更要成为行动自觉。而基金能够很好地体现这样的新发展理念，包括推动地方经济的发展，这个总体的大目标方向在价值取向上是完全一致的。

三是区域经济的发展要关注地方经济发展水平，包括GDP总量增幅等指标与绿色创新发展呈现一种正相关的关系。同时遵循地理毗邻原理，经济发展必定有中心城市或者发达经济体带动，例如深圳发展快就是因为毗邻香港，接收香港的各种要素资源辐射。所以安徽的发展，特别是合肥的发展，主要是受长三角一体化高质量发展的影响。将基金运用好是合肥城市发展的重要秘诀之一。现在基金处于发展中，规模将越来越大，优质产业也将成为基金建设的硬核之一。

四是基金支持产业发展时，政府要充分考虑企业的利益。希望各类基金，包括私募基金等，无论是国有的、民营的、混合所有制的，都支持合肥十大产业发展。同时，注重矛盾与冲突处理，因为政府与基金直接合作时，政府更多关注社会效益、生态效益、环保等方面，而资本更看重利益，两者容易发生矛盾，怎么处理好这种关系很重要。

五是基金不仅是安徽独家的事，更包括长三角地区，乃至整个长江经济带。应通过基金更好推动长江经济带整个区域的产业合作，包括产业链、供应链的深度切入，相互结合，形成机制引导基金，包括丰富基金的各种形式来推进长江经济带发展。

长江经济带思想沙龙

（第 16 期）

宜宾—泸州组团建设川南省域经济副中心的思路及建议

"一干多支、五区协同"战略部署是成渝地区双城经济圈建设的重要支撑。四川省第十二次党代会报告进一步明确了省域经济副中心建设城市，并为五大片区的下一个五年发展之路指明了方向。报告提出，要顺应空间结构变化新趋势，着眼增强区域发展协调性、平衡性和可持续性，支持宜宾—泸州组团建设川南省域经济副中心。这是宜宾、泸州两个长江经济带城市发展的新阶段，蕴藏新发展机遇，也正在成为改写川南区域发展格局的新路径。为川南省域经济副中心建设起好步、开好头，2022年6月23日，中国人民大学长江经济带研究院与泸州市发展改革委举行座谈会，围绕"宜宾—泸州组团建设川南省域经济副中心的思路及建议"这一主题展开讨论。

以下为与会嘉宾的观点集锦。

中国人民大学长江经济带研究院院长涂永红教授指出，宜宾、泸州同属长江经济带，绿色发展对城市建设尤为重要。涂永红院长首先对长江经济带绿色创新发展指数报告的研究情况进行了介绍，该指数报告的评价体系共计8个指标维度，其中绿色创新投入和绿色创新产出分别占了4个指标维度，每个指标维度有3～4个子指标，共计35个指标。

涂永红院长指出长江经济带上中下游各个城市在绿色创新发展方面各具特色，长江上游的宜宾、泸州等33个城市担负绿色环保、生态建设的任务，比下游城市更加繁重。长江上游城市的生态保护工作应当得到生态补偿，上游城市和中下游城市可开展生态补偿工作，实施跨流域的生态补偿协议。上游城市要联合起来测算上游为保护长江付出的代价，并且提出下游城市的补偿方案。涂永红院长举例说明了黄山生态环境指标在110个城市里排名第一，通过10年时间做好了新安江的保护工作，开展了跨流域保护工作，安徽和浙江两省形成了生态补偿机制，签订了生态补偿协议。

涂永红院长表示，泸州的生态环境和创造产出指标数据远远高于宜宾，科研成果转化方面领先于宜宾。但是宜宾在创新制度、研发投入等方面指标数据要好于泸州。从全省综合排名来看，宜宾排第三，泸州排第四，排名很接近。宜宾和泸州在共建川南省域经济副中心过程中，如何在产业协同方面做到$1+1>2$值得深入研究。

涂永红院长指出，宜宾和泸州具有历史渊源，白酒产业均是两座城市的支柱产业，两座城市的新兴产业发展方向不一致，但都地处长江上游，共同担负起长江上游保护的使命和担当，共建川南省域经济副中心具有抓手和着力点。

宜宾正在积极融入成渝地区双城经济圈建设发展，同时加强和泸州的协调发展。但是目前两座城市的竞争较为激烈，主要表现在智能产业园区、综合保税区、白酒产业等方面，应当共同携手把优势产业规模做大，共同打造特色的川南品牌，共同分享发展的成果。

泸州市发展改革委发展规划科科长蒲卫对泸州"十四五"规划的相关情况进行了介绍。泸州在"十三五"期间发展取得了十足的进步，GDP迈入了2000亿元的行列，争取在"十四五"期间GDP达到4000亿元。2020年之前，测算泸州GDP每年增速8%，近2年实现该目标的难度较大。泸州"十四五"规划共计24个指标体系，"十三五"期间泸州的城镇化率超过了50%，但是后续的提升较为困难。在创新驱动、民生福祉、绿色生态、安全保障等方面，正在按照拟定的计划开展工作。在区域协同发展方面，泸州是成渝地区双城经济圈建设的重要南翼地区，发展方向和宜宾一致，都是向长江下游发展。

蒲卫科长指出，"立足四川、依托重庆、融入成渝、拓展滇黔"是泸州的发展方向和定位。泸州受到重庆的虹吸效应比宜宾更大，因此提出依托重庆，尽快融入重庆发展，尤其是泸州合江以及毗邻乡镇的人流、物流都流向重庆。合江周边的江津区、永川区是重庆发展较好的区县，对泸州部分区县的辐射效应较大。因此，泸州、永川、江津共同规划建设了泸永江融合发展示范区，设立了一个毗邻地区合作发展平台。

蒲卫科长介绍了泸永江融合发展示范区的发展情况。泸永江融合发展示范区计划在2025年达到8000亿元的GDP规模。目前泸永江融合发展示范区的协调难度很大，泸州、永川、江津三方之间的合作受到多方因素影响，尤其是地域发展差异、地势阻隔。泸州的泸县、合江两个县相对欠发达，在欠发达地区开展深入合作有一定难度。因此提出了组团式的融合发展思路，泸州规划建设泸东新城，依托泸州东站打造泸东新城；江津规划建设江津白沙新城（江津组团）；永川规划建设永川科技生态城（永川组团）。上述三个组团构成泸永江融合发展示范区的核心示范区，带动整个泸永江融合发展示范区共同发展。四川省委、省政府要求，泸永江融合发展示范区探索经济区与行政区适度分离改革，目前在制度设计上存在难度，例如建设项目报批需要由四川省、重庆市政府的审批，在权限衔接、标准统一等方面存在较大的协调难度。

目前泸州在泸永江融合发展示范区建设方面推进之路非常艰难。在农业协调方面，建设了泸永江融合发展示范区内的现代农业产业示范带，通过农业带动来实现该示范区其他产业的融合发展。在公共基础设施建设和公共服务方面，在不涉及土地和资金的前提下，"泸永江"三地还是具有共同点的。目前在"泸永江"地区开设了6条专线公交车，医疗专科联盟发挥了西南医科大学的示范带动作用，取得了不错的成绩。在金融方面，"泸永江"三地12家银行机构制定了支持"泸永江"发展的金融政策行动方案，并且对设立产业基金有了初步方案。

最后，蒲卫科长对宜宾和泸州共建川南省域经济副中心提出了看法，指出泸州和宜宾同在一个省，共同推进事宜难度就比泸永江融合发展示范区更小，省政府的统一协调是利好条件。泸州和宜宾具有很多共同点：从白酒协同发展来看，应当共同做大五粮液和泸州老窖品牌，占据高端白酒市场，同时协调发展中低端白酒，共同打造川酒品牌；从化工配套产业发展来看，宜宾化工、泸州化工的类型和方向不一样，不仅只有竞争的关系，宜宾化工产业布置在江安，泸州化工产业也是布置在下游——泸县和合江，未来可以在做大长江上游化工配套产业发展方面开展合作。

泸州市发展改革委基础产业科科长李金晴围绕长江经济带大保护等方面进行了发言。李科长介绍道，近几年，泸州在生态环境和经济发展上努力保持平衡。根据《长江经济带发展负面清单指南（试行，2022年版）》、四川出台的相关实施细则等政策，以及对地方经济发展和长江大保护的相关禁止事项，泸州不折不扣地履行了国家、省实施长江经济带发展的每项工作要求，通过了中央生态环保督察组的督察，并且指出长江经济带经济总量占全国的40%，可适当制定开放措施，泸州地处西南内陆，迫切希望在长江经济带发展某些领域适度开放。

随后，李金晴科长讨论了生态补偿机制，指出可以通过资源税改革开展生态补偿。上游的生态资源（如页岩气、电力），可以通过资源税改革在税收上直接对上游进行补偿。

泸州市发展改革委铁建科科长孟孔君介绍了泸州铁路建设和港口建设情况，并提出了发展建议。

铁路方面。泸州已建成运营铁路306千米，其中，2021年川南城际铁路（41千米）新建成投运，泸州实现高铁零的突破。目前在建3条线路，总里程是224千米。一条是渝昆高铁，泸州段有59千米。另外两条铁路属于西部陆海新通道隆黄铁路中的一部分，一是叙永至毕节（叙毕段，39千米），二是隆昌至叙永（隆叙段，126千米），计划2024年能够竣工投运。

重点谋划了3条铁路线路：第一条是泸州至遵义高铁（客运专线），客运铁路里程要达到250千米以上，已通过国家发展改革委中资公司的项目论证，速度可按250千米/小时及以上来设定，具体根据未来渝昆高铁的速度来考虑；第二条是古蔺大村至遵义铁路，连接叙永至大村段，可贯通叙永至遵义、贵阳等地，更好发挥铁路货运功能；第三条是珙县至叙永铁路。

与宜宾直接关联的线路：第一条是渝昆客运铁路，力争2024年投运，宜泸可实现高铁直连。第二条是川南城际铁路，包括内江—自贡—宜宾，和内江—自贡—泸州两段，将川南4个城市以"人"字形铁路进行串联，渝昆线路通车后，可实现闭合。第三条是在建的叙毕铁路，宜宾境内大概10千米，借此可与泸州共同融入西部陆海新通道。第四条是珙县至叙永，接内六线（内江至六盘水）的铁路，也可连接西部陆海新通道。第五条是沿江货运铁路，为了解决长江航运翻坝和运量时间太久的问题，泸州和宜宾正在积极呼吁将货运铁路从重庆修到泸州、宜宾，然后连接乐山、雅安、川西、西藏等地，将长江经济带和川藏地域进行连接。

港口方面。孟孔君科长指出，水运与铁路运输类似，水运必须有量才能够降低时间和运输成本，因此货物组织供应能力十分重要。水路一般运输大宗物资，石油也要通过水运，部分酿酒的高粱也是通过水运。最远可接收来自日本、韩国的货物。这些货物经水运抵达泸州港后，可享受中欧班列（泸州港号）的相关政策优惠，若后续转运至欧洲，其费用低于海洋运输。但泸州出口货运量较少，川滇黔地区外贸依存度比较低，出口商品以配套零部件为主。

孟孔君科长介绍，四川成立了专门的港口整合公司，对乐山、宜宾、泸州等港口进行整合。以前港口归地方管，地方有更多自主权，但目前省级层面对港口基础设施投入不足，成都方向的货物直接从重庆万州港经三峡转运，致使泸宜两港的发展潜力受到制约。

孟孔君科长建议，推动泸宜港口建设有助于利用长江沿线各种资源。泸州通过水运进口的主要是粮食，因为中国（四川）自由贸易试验区川南临港片区有粮食加工企业。出口的主要是化工产品、矿石等，可整合云南、贵州等周边省市的矿石外运。此外，从战略的角度也要大力建设这两个港口。成渝地区双城经济圈建设是国家战略考量，早在抗战时期，泸州港就是全国重要的物资中转基地，从东南亚运入的战略物资都是经泸州港顺江而下。从国家战略层面看，泸宜两个港口具有重要作用。建议省级层面加大对港口建设的投资，提高港口基础设施的信息化水平，并注重航线开通等方面的错位发展。

泸州市发展改革委区域发展科负责人围绕思想沙龙主题提出了发展建议：

一是推进基础设施的互联互通。加快宜宾—泸州快速通道建设，推进两市客运交通公交化运营，提供同城化交通服务，实现不同客运方式客票一体联程和城市间一卡互通；加快整合泸州、宜宾、乐山等地港口资源，建立铁公水多式联运长效机制，合力打造长江上游（四川）航运中心；推进长江黄金水道川境段浅滩整治，加快岷江龙溪口至宜宾段航道整治、沱江（内江至自贡至泸州段）航道升级等项目建设。

二是推动现代产业的协同发展，共建产业的生态圈。电子信息产业方面，依托泸州产业园、宜宾临港电子信息产业园等产业集群，将电子信息、装备制造、新材料等产业做大做强。白酒方面，依托五粮液、泸州老窖、郎酒，建成全国领先的白酒生产基地和智能酿造基地。页岩气产业方面，做好长宁、威远、富顺、永川等地区的页岩气开采，培育下游企业。大数据产业方面，依托宜宾市大数据产业园和位于泸州的华为四川大数据中心等载体建立合作机制，积极争取，共同纳入东数西算枢纽节点数据中心的集群。商贸物流产业方面，加强在物流通道建设、多式联运、物流园区共建、城市共同配送等方面的合作，发挥中国（泸州）跨境电子商务综合试验区和泸州—宜宾跨境电子商务零售进口试点地位。文旅产业方面，推动文化旅游共同繁荣，共同推进宜宾—泸州长江国家文化公园川江段建设，共同打造以蜀南竹海、兴文石海、李庄、黄荆老林、尧坝古镇等精品旅游路线，共同推进红色文化、长江文化、白酒文化走向世界。农业产业方面，共促现代农业发展，探索与一些毗邻的区县共同开发特色农产品。

三是生态环境方面。加强在跨界流域的饮用水源、农业面源污染防治方面的合作。共同推进长江上游生态廊道建设，统筹沿江山水林田湖草沙系统治理，协同推进川东南石漠化敏感生态保护红线区域、盆中城市饮用水源—水土保持生态保护红线区域等生态保护与建设，联合实施山地丘坡耕地治理、矿山环境治理、岩溶地区石漠化治理和天然林资源保护等重大生态建设工程，加强金沙江、沱江、岷江等重点区域水土流失治理和地质灾害防治。

四是市场体系方面。推进统一市场建设，共同营造优质的营商环境，如两市的市民信息、费用缴纳、证明打印等社会服务互通、两市信用信息共享和红黑名单互查互认，建立跨地区协同监管、联合惩治机制。

五是公共服务共建共享方面。推动教培资源的合作共享，依托泸州中国西部工匠城，推进宜宾职业技术学院和泸州职业技术学院共建合作；加强医疗卫生联动协作，推动两市同级医疗机构的检查检验结果互认，加大远程医疗、双向转诊、人才培养、业务交流；加强社保、社会治理联动、公积金贷款政策的互认。

泸州市发展改革委工业和高技术产业科科长陈实围绕思想沙龙主题进行了发言。陈科长指出，泸州、宜宾作为依靠长江建立起来的老工业基地，曾经一度以黄金水道作为经济发展的重要支撑，如今长江"共抓大保护、不搞大开发"，取缔了很多沿江产业，运力也受到极大限制，保护长江在一定程度上也限制了两地的发展。

陈实科长提出，关于推动宜宾—泸州共建川南省域经济副中心有三点思路：一是要推动两地建立一致性目标，科学划分城市功能，破除两地同质化竞争。例如，宜宾建立了大学城，重视高等教育人才培育；泸州提出建立中国西部工匠城，专注专业技术人才培育。二是以产业布局为突破，共同发展页岩气，争取页岩气留存地方，形成区域性能源化工产业链和生态圈。三是要利用国家资本带动重大项目落地，吸引更多人才和资源进入。

泸州市发展改革委国民经济综合科科长缪乃强提出以下建议：第一，站在全省层面上，宜泸要建立一致性目标。国家方面试点、优惠政策等，宜泸可作为一体去争取。第二，加强多领域合作。宜泸可以在赛事活动方面进行合作。例如，"泸永江"工业设计创新大赛就是由泸州、永川、江津三地联合举办，川南也可以共同来举办赛事。交通上，目前"泸永江"开通了城市公交车，宜宾和泸州之间可以作出探索。医疗上，如果宜泸两地互通报销，比"泸永江"要容易。在信用建设上，从容易的地方进行突破，充分利用两地优势资源。第三，加强产业联合发展。虽然两地的最大产业都是白酒且存在竞争关系，但仍可以通过联合发展，形成足以抗衡整个四川乃至贵州白酒产业的市场竞争力。除了白酒酿造，还要在酒文化、白酒旅游方面共同打造白酒旅游综合体。2021年《川南经济区"十四五"一体化发展规划》就提出打造世界级白酒产业集群的目标。在页岩气开发上，两地都处于全省页岩气开发核心产区，可以共同利用已经开发的资源和下游产业，去争创国家的试点。在竹产业上，宜宾的长宁竹海资源丰富，泸州的竹产业得到迅速发展。在"双碳"经济上，在碳汇交易方面联合争创。国家正在落地全国100个试点城市项目，两地可以争创"双碳"方面的试点。

泸州市发展改革委总经济师阮杰作了总结发言，主要围绕宜泸两市协同共建川南省域经济副中心和长江上游生态屏障做深入分析并提出两市深化合作工作思路。他指出，在四川省第十二次党代会报告中明确提出要支持宜宾—泸州组团建设川南省域经济副中心，推动宜泸一体化发展。两市深入贯彻落实党代会精神，主动谋划布局，探索如何充分发挥宜泸两市优势，深化宜泸区域协同联动，共建现代化基础设施网络、特色产业体系、长江生态屏障、基本公共服务，为进一步健全体制机制，推动资源整合，促进要素集聚，提升川南经济区一体化发展的协调性、平衡性和可持续性等问题提供一些方向和思路。

首先，立足宜泸两市实际，从问题出发，探索可协同发展路径。宜宾、泸州的经济体量在全省是比较大的，对吸引一些资源和要素有一定优势。同时不管是在区域定位上还是在战略布局上，两市作为优势的主通道城市承载了国家的很多功能定位。两市共建川南省域经济副中心具有很大的潜力和空间，但也有很多问题急需破解。

一是共建经济副中心的建设模式的选择。是行政推动型还是市场自发型，目前还没有定论。若是行政推动型，推行了若干年的川南经济区一体化建设成效不佳。按照《川南经济区"十四五"一体化发展规划》，是把泸州和宜宾实行沿江协同，内江和自贡同城化，川南经济区的四个市分成两个板块来进行布局，要完全一体化发展很难实现。若是市场自发型，市场讲究效益、追逐利润，需要政策条件好，市场环境优，区域合作最大的问题还是市场的问题。

二是统筹发展和安全。宜泸都地处长江上游干流区，承载着统筹发展与安全的重任，同时《长江经济带发展负面清单（试行，2022年版）》，对长江干流的约束是比较明确的，制约了上游区域发展。

三是竞合关系还需进一步整合和突破。白酒、化工是两市支撑产业，如何统筹产业布局也是一个问题。①白酒产业虽有竞争，但还是有机遇。国家提出建设全国统一大市场，各产业需制定相关的行业标准，在浓香型白酒方面，宜泸在这个行业标准的制定上有一定话语权，两市可以共同呼吁和争取，参与行业标准的制定，同时探索共同成立白酒检测中心，打造白酒价值的衍生品市场，比如白酒价格指数、交易平台，以及相关配套金融服务等。②要解决两市化工产业的竞争问题。比如泸州布局化工新材料或者经济化工、化工医药。建议宜宾从天原入手，考虑错位发展，避免同质化竞争可能造成的资源浪费问题。③共享长江经济带与成渝地区双城经济圈等国家战略红利。依托天然的丘陵或者山区做掩体的安全发展优势，共同争取大数据、北斗导航应用等新兴产业来宜泸布局，共同推动两市传统产业的转型和新兴产业的发展。

四是提升两市核心竞争力。两市都拥有较大港口，可通过重庆—宜宾段的生态航道整治，提升航道的标准，两市可配套大件运输集装箱、危化品，统筹散货，实现与长江上游和重庆等港口的协同发展。同时也要结合两市港口的腹地资源，实现资源错位发展，比如宜宾把云南和攀西地区资源作为其港口的腹地，泸州则以成都经济区和贵州等作为资源腹地，通过两市各区建设无水港、空港铁联运等方式避免恶意竞抢的内耗问题。加快建成西部陆海新通道，协同建设口岸开放、空港开放，共同争取搭建一条更加便捷、高效的出海新通道，有利于把西部内陆矿产资源通过广西防城港送至各地。

五是自然资源的开采与应用。以页岩气的开采与应用来说，两市都是页岩气丰富的城市，但国家或者省里给两市5%~10%或者15%的占比。不管页岩气是作为原料还是作为材料，既然要共建经济副中心，就可考虑共同向省上争取为地方多留一些，不能只是把资源带走留下污染，遗留很多社会民生的难题无法解决。

六是基础设施和公共资源。宜宾是电力产区，但是宜宾和泸州的工业用电价格比贵州等地更贵，城市贡献度与经济补偿失衡，不利于两市城市发展。并且，两市的资源丰富，两地可以统筹规划，创新发展碳交易、碳汇等领域。另外，两市抗战文化、长江文化资源丰富，如何串联起两市丰富的旅游资源，共同推进长江国家文化公园、红色教育基地等建设，还要进一步深入研讨，落地落实。

其次，阮杰总经济师总结梳理了泸州在长江经济带绿色创新发展实践方面取得的成效经验。

一是早谋划早布局。泸州在认真贯彻新发展理念这方面是比较超前的。2018年，泸州编制新发展理念的规划（《泸州市长江沱江沿岸生态优先绿色发展规划》），率先提出了"一公里以内"的新布局；二是重实效抓落实，积极争做先锋。积极争取打造长江上游绿色发展示范区，建设长江上游的绿色低碳融合发展示范区、"双碳"先行市，推行清洁能源替代，加快优化布局绿色产业，推进产业绿色转型。泸州已连续三年获得国务院通报表扬，且在资源枯竭城市转型绩效考核中表现突出，连续七年获全国优秀等次。

长江经济带思想沙龙

（第 *17* 期）

宜宾建设"动力电池之都"路径研究

2022年7月25日上午，长江经济带思想沙龙（第17期）在宜宾市经济合作和新兴产业局举行。本期沙龙以"宜宾建设'动力电池之都'路径研究"为主题开展讨论，特邀中国人民大学经济学院教授、首都发展与战略研究院副院长张杰、宜宾三江新区经济合作外事局动力电池专班主任杨璐菡，以及宜宾市自然资源和规划局、四川时代新能源科技有限公司、宜宾天宜锂业科创有限公司、宜宾锂宝新材料有限公司代表出席活动。

张杰教授首先发言。他指出，我国在动力电池产业链创新方面未来很可能被欧美国家"卡脖子"，我们要增强紧迫感和危机感。因为动力电池及新能源产业对欧美工业体系的竞争力构成颠覆性的冲击，美国、德国、日本等国对中国新能源汽车的发展态势保持高度关注，所以新能源汽车产业跟半导体产业一样将面临技术、资源封锁，甚至封锁程度可能更甚，尤其是新能源汽车产业中的智能化、服务化的新型电子芯片，预判1~2年会被欧美国家"卡脖子"。张杰教授指出，宜宾若要打造"动力电池之都"必须做到全产业链的自主可控，这是最核心的目标。目前动力电池的技术替代和产业替代存在很大的风险，宜宾的动力电池制造无论从国家层面来看，还是从地区产业发展角度来看，均面临很多的不确定性。宜宾应当瞄准全产业链及其背后的创新研发链条，从这个维度去重新思考问题。

参会的部门、企业代表认为：一是目前锂矿开采权购买门槛较低，导致社会资本进入炒作，矿产价格被炒高，导致投资泡沫出现。二是在锂电产品运输方面还未充分利用好水运、铁运，国家应当出台相关的运输标准、更新水运产品目录，为企业降低运输成本、提升运输效率，并且完善产品在不同省份生产的认证机制。三是在营商环境方面，宜宾市级层面政策支撑、补贴力度大，但是区县经济条件有限，导致项目实际落地有难度。市级和区县应当统筹联动做好政策兑现工作，在土地、电力等要素保障方面有更多的政策支持。四是人才培养方面，除了产业所需的高端智能人才，还需加强专职专精技术人员的培养。要依托宜宾高职园建设优势，大力培育产业工人，打造人才资源聚集地，支撑"动力电池之都"建设。

杨璐菡主任总结了宜宾依托"四川时代"的龙头带动作用。目前已有75家全产业链的配套企业入驻宜宾，包括从矿产开采到电池回收。宜宾将成为产业链最全、供应链最强、成本最优的一个世界级"动力电池之都"。宜宾除了重视自身的发展，还要推动整个四川新能源汽车和动力电池万亿产业的发展，要在核心发展区域形成集聚力。依托宁德时代的龙头引领，带动整个四川新能源产业发展，甚至带动成渝地区锂电产业的一体化发展。

最后，杨璐菡主任提出三点建议：一是国家相关部门应聚焦培育龙头企业。出台相关政策，让资源开发向龙头企业倾斜，加大对龙头企业的培育力度，防止矿产资源被过度、过滥开采。二是加大中央和省级层面对宜宾动力电池产业重镇的支持力度。加大对土地、要素和能耗全方位指标的倾斜和支持力度，包括国家部委对动力电池产品运输、认证等环节提供支持。三是加大支持宜宾对电池回收末端的支持力度。希望国家出台相关配套政策，并给予指标倾斜。

长江经济带思想沙龙

（第18期）

宜宾创建成渝地区双城经济圈区域金融中心研究

2022年8月3日下午，中国人民大学长江经济带研究院与宜宾市金融工作局共同举办长江经济带思想沙龙，围绕"宜宾创建成渝地区双城经济圈区域金融中心研究"的主题开展讨论。

中国人民大学财政金融学院副教授郭彪介绍了课题研究成果。

一是宜宾创建成渝地区双城经济圈区域金融中心意义重大。宜宾具有完善的交通体系和独特的区位优势，作为国家"一带一路"建设和"西部陆海新通道"的重叠区，是长江经济带起点城市。建设区域金融中心既是四川省委对宜宾的发展定位，也是经济社会发展的时代要求。

二是区域金融中心的形成有一定的规律和发展模式。区域金融中心的形成路径包含自然形成机制、市场驱动形成机制和政府主导形成机制，区域金融中心的协同发展模式有京津冀地区"一城引领"模式、广州、深圳"双城联动"模式和长三角"多城协同"模式。宜宾可对标长三角地区的苏州，在协同发展模式上优先选择长三角"多城协同"模式。

三是结合苏州、宁波、珠海、青岛四个城市建设区域金融中心的模式和发展路径为宜宾提供以下经验：一要夯实产业基础，发展特色经济；二要大力招商引资，构建开放包容的营商环境；三要充分发挥政策的引导作用。

四是分析宜宾创建区域金融中心的优劣势，明确其定位与模式。宜宾具有交通便利、经济基础和产业基础良好、金融组织体系初步完善等优势，但也存在信用体系建设不充分、金融发展总体水平偏低、核心竞争力不强、业态不健全等劣势。因此，宜宾建设区域金融中心，要积极融入成渝地区双城经济圈，对接成都、重庆"双核"，选择"多城协同"发展模式；要积极发挥政府在产业政策、财政政策和社会资源等方面的引导作用，选择以政府为主导的发展路径。找准金融发展的支撑点，抓住白酒、动力电池、新能源汽车产业链等发展，培育具有地方产业特色的金融模式。

五是扩大金融规模，从完善金融体系、着力改善融资结构、积极开展招商引资、发展战略性新兴产业、加快建设区域合作示范市五个方面提出了具体的政策建议。

宜宾市金融工作局副局长朱珂君就报告内容提出三点建议。一是要结合省市的最新提法，突出中共四川省第十二次党代会关于"宜宾泸州组团建设川南省域经济中心"的定位，以及宜宾发展"一蓝一绿"产业（即数字经济新蓝海和绿色新能源产业），符合宜宾市政府"十四五"规划。二是对宜宾金融发展存在问题的描述上要客观和中性化。例如，作为地级市，宜宾发展资本市场更多的是鼓励企业贷款、发债，融入资本市场；宜宾在解决中小微企业融资难、融资贵方面做出了巨大努力，根据2021年中国人民银行数据显示，宜宾中小微企业的贷款存量占比相对较高；宜宾自2017年开始专门着手打造国资平台，成立了四大国有公司，投融资机制改革成效正在显现。三是增补内容，更新数据。在绿色金融方面，宜宾可以推动本地金融机构进行ESG强制性披露。三家融资租赁公司完成了首单ABS，此次发行规模1.9亿元人民币，实现了宜宾在该领域的零的突破。在供应链金融方面，宜宾天原集团成立的宜宾锂宝新材料有限公司，其股东有五粮液的安吉物流、三江保理、三江租赁、宜发展集团创投公司和综保区的投资公司，之后可能还涉及仓储，供应链金融已初步有所体现。在推动企业上市方面，建议将深交所的西部基地作为很好的平台，加速孵化宜宾上市企业。

中国人民银行宜宾分行副行长郑涛建议：一是紧密围绕宜宾金融现状，从产业发展角度研究金融发展，将金融产业化作为重点。二是深化宜宾的涉外金融服务，开展贸易融资和人民币跨境业务。三是金融中心建设应聚焦动力电池、新能源汽车等宜宾未来支柱型产业，围绕"一蓝一绿"多做研究，同时突出白酒等传统产业对地方经济的支撑和相关金融服务。四是学习借鉴先进地区的经验，总结归纳其金融中心机制建设和产业政策，以及在实施过程中的上下协同工作。五是围绕地方发展需求的特色性内容，平衡好整体推进和特色化发展。既遵循区域金融中心建设的共同实现路径，又着力打造宜宾的"快速通道"。

宜宾市财政局金融科科长周小红建议：一是加强与泸州等周边地区的协同，增强宜宾在区域经济发展中的金融辐射力，提升宜宾金融中心地位。二是加强宜宾产融合作，特别是构建覆盖五粮液、宁德时代等产业上下游的供应链金融体系。三是大力发展普惠金融，进一步增强农业政策性保险与金融的结合，完善政策性担保制度，探寻市场化发展模式。

宜宾市商业银行副行长梁幼涛建议：宜宾区域金融中心建设要高度重视以下几点。第一，巩固宜宾作为成渝地区双城经济圈副中心的地位。第二，紧密结合宜宾创建国家区域中心城市目标路径。第三，突出宜宾产教融合、打造高端人才聚集地的特色。第四，强化地方金融机构的作用。第五，突出金融支持实体经济发展。

宜宾市银保监分局代表建议，选择与宜宾GDP规模相似的城市作为参照物，应突出金融人才建设和培养，弥补宜宾的短板。

宜宾市发展改革委相关科室代表认为，途径和实现途径的措施是宜宾建设金融中心最需要关注的两个问题，建议宜宾要大胆创新，积极借鉴相似城市的发展经验，明确具体的方式方法，提升金融服务实体经济的能级。

长江经济带思想沙龙

（第 19 期）

宜宾市加快区域医疗中心建设

2022年8月4日下午，长江经济带思想沙龙（第19期）在宜宾市卫生健康委会议室举行，中国人民大学公共管理学院教授、中国人民大学医改研究中心主任王虎峰，首都医科大学附属北京儿童医院科研处处长、福棠儿童医学发展中心主任、教授郭永丽等专家出席活动。与会嘉宾围绕"宜宾市加快区域医疗中心建设"的主题开展讨论。会议由宜宾市卫生健康委副主任牟雄峰主持。

会议研讨认为，国家和四川区域医疗中心建设政策给宜宾医疗服务体系发展带来了新的契机。宜宾市委、市政府高度重视区域医疗中心建设。2022年出台《宜宾市公立医院高质量发展促进行动实施方案（2022—2026年）》，通过实施多项举措为加快推动宜宾高质量建成区域医疗中心奠定了基础。在宜宾地方政府坚定发展决心的推动下，宜宾具备较好的区域辐射能力，有较大的发展潜力。但与此同时，对标国家区域医疗中心相关要求，也存在一定差距。

在基础和优势方面。第一，宜宾市委、市政府高度重视区域医疗中心建设项目，始终坚持把人民健康放在优先发展的战略地位，以医药卫生体制集成改革为抓手，持续深入实施"健康宜宾"行动，努力为全市人民提供全方位、全周期的健康服务。

第二，社会经济发展良好后劲十足。2019年，宜宾GDP跃居四川第三，2021年宜宾GDP达到3148亿元，在全国内地城市GDP排名第98

位，属于全国经济百强城市，连续两年稳居全国GDP百强榜。这为医疗服务体系高质量发展奠定了较为坚实的物质基础。

第三，地理位置优越，交通条件便利。宜宾雄踞四川、云南、贵州三省结合处，金沙江、岷江、长江三江交汇处，地处成渝地区双城经济圈，位于成都、重庆、昆明、贵阳四大省会城市的中心位置。同时，宜宾距离四川盆地的成都、重庆和云贵高原的昆明、贵阳有一定的距离，在医疗卫生领域更容易形成自己的辐射空间。

第四，龙头医院实力强劲，医疗卫生硬、软件设施建设不断完善。宜宾市第一人民医院与第二人民医院作为宜宾医疗卫生领域"双子星"，两家医院拥有专业的医疗团队与突出的学科优势，医疗技术水平在长江上游地区与川南地区具有领先实力，可以持续有效地提高区域内整体医疗水平。

在差距短板方面。第一，宜宾域内医院尽管在管理优化、诊疗技术提升、学科持续发展、公共卫生服务强化等方面取得显著成效，但是由于现实局限性，在医学人才培养与课题项目科研工作方面与区域医疗中心建设标准仍存在较大差距。宜宾建设国家区域医疗中心的劣势体现在高等医学教育存在空白，卫生人才匮乏。宜宾目前仅有一所医药卫生类教育机构，即宜宾卫生学校。

第二，国家区域医疗中心需要的主体医院应具有一定数量的国家级临床重点专科建设项目，覆盖与其职责任务相对应的临床专科，但宜宾域内医院的临床专科数量远远低于区域医疗中心设置标准，专科建设任重道远。

会议建议，宜宾在加快建设区域医疗中心的过程中，通过政策激活、优质医疗资源整合等途径，达到建设区域医疗高地的目标。可做好以下五点：

一是整合统一平台，形成拳头和品牌。整合优势资源，建立区域医疗中心平台，发挥集群优势，弥补单独医院短板，建设形成高水平的临床诊疗平台、高层次的人才培养平台、科研创新与转化平台、"互联网+医疗健康"服务平台。

二是选择特色学科，加大人才培养力度。在现有基础的医院中选择有一定优势的学科，通过与国家级、省级优质医疗资源的对接，显著提升优势学科能力，以及疑难危重症诊断和救治能力。通过返聘、双聘（医院内部和平台双向聘任）、柔性引进等政策手段，引入国家级及省级医学专家，带动区域专科建设和医学人才培养。

三是双层带动，国家级机构+区域合作。第一层是寻找国家级的医疗机构，包括综合医院和专科医院，建立合作关系，探索成为国家级医院附属医院的途径，增加研究生培养名额，建立人才培养战略关系和校级协同的人才培养模式，通过优质医疗资源下沉等方式补齐区域医疗短板，带动区域医疗科研水平进步。第二层依托医联体和托管等形式的区域合作（如华西医学院和重庆医科大学附属儿童医院等），推进医教研协同发展，提升宜宾整体诊疗水平。

四是实施创新推动，理顺管理机制。人事管理灵活，适当弹性兼职，实施个人所得税减免政策。有针对性组织科研团队，吸引国家级、省级的学科骨干。根据中心发展规律动态调整政策，放宽医保额度设定，允许平台医保基数单独核算，制定区域医疗中心开展新技术应用细则，鼓励新技术和新药的使用。

五是打造国字头改革试点项目。通过医院绩效管理及薪酬改革、分级诊疗与就医新秩序、紧密型医共体建设、公共卫生、医防融合、医保制度改革、互联网+医疗服务等改革项目的试点与实施，勇担试点重任，争当改革先锋，尝试打造国家级改革试点项目。通过试点项目的打造，积累改革经验，完善医疗体系，激发医疗产业发展活力。

长江经济带思想沙龙

（第 20 期）

新能源产业现状及展望

2022年9月29日晚，中国人民大学长江经济带研究院通过线上方式举办长江经济带思想沙龙（第20期），邀请到了北京大学、中国人民大学、中共中央党校、海南大学等高校的专家学者参与研讨。与会嘉宾围绕"新能源产业现状及展望"这一主题发表了观点。

中国人民大学环境学院马本副教授首先发表了题为"新能源产业现状与展望——'以新能源汽车的低碳发展为例'"的主题演讲。

一是大力发展新能源汽车产业具有战略意义。新能源汽车是重要的战略性新兴产业，是新一轮科技革命和产业变革的标志性和引领性的产品。同时也是实现"双碳"目标、提升能源安全、缓解空气污染、实现电网智能化和低碳化、高精尖产业升级的重要抓手，是突破发达国家传统燃油汽车技术壁垒的重大机遇。

二是新能源汽车应用、产业发展与政策现状。2021年，我国新能源汽车产销分别达到354.5万辆和352.1万辆，市场规模连续多年居世界首位，中国新能源汽车市场成熟度逐步提升，进入快速增长新阶段。目前国内市场呈现寡占型特点，行业内部优胜劣汰竞争加剧，在品牌竞争态势方面，传统自主品牌逐渐占据优势。同时，新能源汽车消费市场以一线、二线城市为主，上海保有量第一，开始出现市场下沉趋势。充换电基础设施快速增加，车桩比呈下降趋势，我国西南区域在这方面发展相对滞后。在核心技术方面，我国动力电池具有核心竞争力，而车规级芯片、智能驾驶将是未来技术研发的主战场。目前微控制单元（MCU）仍然以国外厂商为主，而行业龙头宁德时代掌握了动力电池核心科技，占据2021年很大一部分市场份额。经统计，我国新能源汽车产销量、动力电池装机量远超美国，但是我国新能源汽车整车企业少数盈利、多数亏损。土地供给、技术研发能力、动力电池成本和充电设施对产业形成了要素制约。从政策角度来看，国家层面的政策在收紧，地方层面为了产业发展而展开多维竞争。

三是新能源汽车产业发展与推广应用的挑战。整车生产已进入产能过剩阶段，竞争激烈、盈利惨淡。部分整车企业对于家庭消费市场重视不足，面临发展困境。同时行业面临低碳化转型需求，全产业链低碳化面临诸多挑战。受疫情和极端气候影响，原材料成本上升，供应链不稳定。在推广应用方面，国家购车补贴和税收减免在短期内可能取消；部分可再生能源营运车辆盈利能力不足；社区内充电设施建设是短板；个别城市新能源购置指标约束严格；消费观念尚未完全转变；电池报废、换新、回收存在环境风险。

四是新能源汽车产业未来思考和建议。一要对新能源汽车的研发给予长期、可预期的政策支持，在新能源汽车核心技术领域实行新型举国体制，形成研发合力解决车规级芯片等核心技术问题；二要部分整车企业应当转变观念、激发内生动力，重视家庭消费市场，并在研发、设计、营销、服务等领域系统发力，在未来3～5年激烈的市场竞争中赢得主动；三要产业基础好的城市应以龙头企业为引领，持续引进关键零部件配套企业，深化产业集聚，降低整车企业生产成本，持续提升行业竞争力；四要构建新能源汽车全产业链企业的上下游利益融合机制，比如互持股份，必要时借助政府的力量保障原材料的供应稳定和价格稳定。

中国人民大学长江经济带研究院院长、教授涂永红：一要抢抓发展机遇。新能源汽车产业充满商机，是中国在国际市场上打开新局面和赢得国际竞争力的产业领域。新能源汽车产业在长江中上游布局后产生了规模效应，新能源汽车相关的基础设施的建设会带来无限商机，需要各个城市因地制宜，发挥自身优势，找准定位，采用多种新能源技术来支撑我国的新能源汽车产业发展，积极实施"双碳"战略。防止出口产品碳足迹过多，导致被欧美国家征收碳税，降低我国产品竞争力。二要开展行业认证。新能源产业在发展中应当积极参与国际标准认证，抢占更多的话语权和主导权。三要强化金融赋能。加大财政金融支持力度，制定补贴政策，积极引导消费者转变购买新能源汽车的观念。不断投入资金突破新能源产业"卡脖子"技术，通过制定绿贷和绿债产品，覆盖新能源汽车及其上下游产业链。

海南大学经济学院院长、教授李世杰：国家推行新能源势在必行，除了实现"双碳"目标，还能解决国家能源安全问题，海南在推行新能源汽车方面已超前规划，到2030年实现全面"净油"。探讨未来新能源汽车发展的技术路线，是发展现行比较火热的电车，还是如日本等国家探索氢能源汽车？主要考虑几点问题：一是全电车发展的能源问题。电属二次能源，而在以火力发电为主的地区全面推广电车是否完全契合低碳目标？二是充电桩布局问题。经济密度较高的地区实现充电覆盖较为容易，但城乡接合部、老旧小区的充电桩市场化布局仍存在困难。三是电池回收问题。未来大量的电车上市投入使用，电池的回收处理和如何再利用等也将面临较大考验。因此，新能源汽车的发展不要局限于当下的纯电车，可能还需因地制宜，探索更多新能源技术路径，实现多种能源共同发展。

北京大学国民经济研究中心主任、经济学院教授苏剑：一是新能源汽车市场需求大。从供需关系上讲，我国的消费市场上房地产行业已趋于饱和，目前，我国市场的汽车保有量还远低于发达国家，市场潜力巨大。二是加快新能源汽车产业布局。我国新能源汽车发展已经呈现爆发趋势，但还存在充电桩数量不够、生产能力跟不上消费能力等问题，加快新能源产业布局，满足消费者需求是新能源汽车发展的第一要务。三是加强新能源汽车研发力度与能源升级，在大力发展动力电池的基础上，着力加快对氢能源在汽车领域的应用和开发。

中共中央党校中国行政体制改革研究会理事、教授陈安国：一是加强关键技术领域的研发攻关。我国新能源汽车技术除了核心的电池，其他如芯片、电机等技术还比较依赖进口，应加强对芯片等核心领域的研发，牢牢掌握主动权。二是加强技术标准的制定。加强对新能源汽车智能化、电池规格、充电功率等标准的统一，加强与国际检测机构合作，实现国际标准互认，确保国际国内市场的同步发展。三是加大政策扶持力度。新能源汽车发展还处于微利的状态，还需要国家继续加大资金和政策投入，推动新能源汽车行业的高速发展，如通过发行绿色债券、低息贷款等。

中国人民大学环境学院副教授昌墩虎：发展新能源汽车要切实落到生态优先的基本命题之上，有四个点需注意。一是保证消费者、政府及企业等各方利益的一致性，共同处理好环境与经济的关系。二是发挥好经济政策的调衡作用，既要建立有效的市场机制，也要充分利用社会资本调节产业发展与资金供给的关系。三是从原材料供给、生产、排放到回收利用等新能源汽车的完整生命周期来研判产业未来形势与走向。四是做好新能源产业与传统产业衔接的同时，重点关注生态环境保护。

中国人民大学环境学院副教授王克：新能源汽车有极好的发展前景。一是顺应时势。新能源汽车产业的推广顺应了我国实施"双碳"战略的背景。二是具有环境效益。相比燃油车，新能源汽车可以更好地维护生态环境。三是保障能源安全。推行新能源汽车可以缓解我国对石油的进口依赖度。四是具有经济效益。大规模的市场空间可以推动我国经济高质量发展。在发展中也需要关注新能源车的配套服务、供应链的安全性、电网负荷等相关问题。

宜宾市经济合作和新兴产业局副局长艾兴乔：一是强链补链。在发展新兴产业的过程中存在一定的薄弱环节。面对新能源强势风口，地方产业布局必须与新能源发展趋势协同发展、精准匹配，要保障上下游的生产供应需求，做好长期合理规划和投资，要用整体产业链的思维来弥补薄弱环节。二是技术创新突破。技术创新和技术突破是新能源赛道里不可回避的问题，目前三元锂电是主流，而未来的电池技术不可预判，在新能源产业技术路线方面应当积极探索。三是资本赋能。围绕着新能源产业链来进行投产联动，带动整个产业集聚，培育高新技术企业。

长江经济带思想沙龙

（第 21 期）

高质量建设数字中国

2022年11月3日晚，中国人民大学长江经济带研究院以线上会议方式成功举办长江经济带思想沙龙（第21期）——"高质量建设数字中国"，来自中国人民大学、电子科技大学、西南财经大学、成都理工大学、广东海洋大学的专家教授参与讨论并发表了观点。本次会议由中国人民大学长江经济带研究院研究员、副教授倪秋萍主持。

四川省数字经济研究院院长周涛教授以"浅谈数字经济发展与数字政府建设"为题发表主题演讲，在数字经济建设和数字政府建设两个方面分别提出了对策建议。

数字经济建设。一是抓住新型基础设施建设的契机，建设高效的存储、计算和通信体系。二是统筹建设政务信息化系统和全域感知体系，要建立统筹集约机制，由本地国有独资平台公司负责政务信息化项目的建设和运营，加快形成一支本地化的研发团队。三是汇聚和运营政务数据和公共数据，选择适合的方式汇聚政务数据和公共数据，加强数据治理。四是打造数据要素的流通体系，要建设包括开放、共享和交易等形式的数据要素流通体系。五是打造数字经济发展的新场景和新赛道。政府应该着力挖掘、打造有利于数字经济发展的丰富的应用场景。六是提升推动数字经济发展的推动能力。目前地方政府股权投资的聚集度和活跃性不足，缺少市场化、专业化的数字经济风险投资基金，传统机构提供债券融资通道也不畅通。七是支持数字经济关键核心技术的研发攻关。持续开展科技情报调研，掌握全球数字经济核心技术，特别是大数据、人工智能、半导体技术的发展趋势。八是培养和引进数字经济发展急需的梯度人才。数字经济所需技术跨度极大，既包括数据标注和数据运维等基础工作，又需要能够建设数据中台、编写智能算法、设计和制作智能芯片的高级专家。

数字政府建设，核心是要进行深度的统筹和统一。一是数字基座的统一，包括基础设施、数据标准、技术标准等板块；二是建前阶段的统一，包括需求论证、规划设计、适配测试等板块；三是建后阶段的统一，包括系统运维、数据运营、绩效评价等板块。其中需求论证、数据标准、技术标准、适配测试、数据运营等板块要做到全面统一，其余板块尽可能保持统一。规划设计、适配测试、系统运维、数据运营、基础设施等板块应当由政府平台公司牵头，而其余板块由政府主管部门牵头组织。

中国人民大学商学院教授、中国人民大学中国企业创新发展研究中心主任、数字经济产业创新研究院院长姚建明以"数字中国建设助力高质量发展"为题，发表了主题演讲。

姚建明教授指出，"十四五"期间的发展动力就是数字经济，因为数字经济解决了科技创新资金来源和市场的问题。目前全球数字经济和企业数字化转型处在起步阶段，现在智慧工厂、智慧物流的底层逻辑还是20世纪信息化的基本架构，需要用新的逻辑和理念重新架构数字化转型体系。数字经济、数字社会、数字政府、数字生态的发展覆盖范围广，涉及领域多，在发展时要注重整体与局部的统筹规划，避免相互矛盾的情况出现，可从以下几点考虑：

一是做好顶层设计。要从理念上接受数字时代变革思路，在实现数字化转型时需要应用的三大类技术——数据技术、网络技术、计算技术将面临较大机遇，但是更应在数据技术和计算技术方面发力。二是坚持问题导向。数据技术的难点在于如何更好地获取数据，所以可以转变思维，数字化转型不一定要依靠庞大的数据量和AI，只要能解决问题就是未来的发展思路。为了突出数字技术创造的价值，做出非常高级的应用而产生巨大的投入值得商榷。因此，数字化转型的重点在于不断创新，但是创新不是技术越先进越好，要以解决问题为根本。

最后姚建明教授总结道，未来中国将从各个方面全面地构建数字中国，核心思想在于创新，特别要注重原始创新。各个主体在进行数字化转型时要紧紧把握住"全面"和"创新"两个关键点。

中国人民大学统计学院、中国调查用户数据中心教授吴翌琳指出，要推动长江经济带沿线城市的数字经济、数字城市发展，最好的方式是以数字化转型为目标，推动新一轮智慧城市建设和规划，以整体的数字化转型来驱动生产、生活方式的改变和治理方式变革。其具体体现如下：一是在城市数字化转型中，政府的效能得到显著提升，在创新政府治理和服务模式上取得了一定成绩。二是数字化治理的水平不断提升。2020年年初疫情的暴发凸显了多地社会治理的数字化水平。突发事件的倒逼下，数字经济、数字技术在防疫、人员的流调等方面都发挥了巨大作用，大大提升了办公、精准防疫等活动的效率，数字化治理的水平得到前所未有的提档升级。三是数字城市的建设能够完善民生服务和保障。立足于基本民生，精准触达，深化便捷就医、购物等示范应用场景，在教学、交通出行、观光旅游、文化体验等方面推广线上线下融合的数字场景应用。

随后，吴翌琳教授指出，长江经济带沿线城市在推进数字化进程中，还需注意三个问题：一是数字城市建设要树立以人为本的理念。在数字化服务、数字化活动的设置上要充分考虑广大市民的接受能力。二是数字城市建设要及时形成相应的制度法规体系。数字化转型是系统化工程，不仅要把服务从线下转到线上，更要使领导和整个管理部门的管理理念、管理模式和流程都发生数字化的改变，需要法律法规进行指引。三是数字城市建设要注重数字安全。随着城市数字化转型、元宇宙等概念的发展，各领域的安全风险从线下物理世界转移到线上虚拟世界。城市中存在大量挖掘个人信息的渠道，在提升数字化服务水平的同时增加了数据被非法利用的风险。

成都理工大学商学院黄寰教授围绕"数字乡村"主题进行了发言。"中国式现代化"要求推进中华民族伟大复兴，在数字中国建设中，农村地区不应被遗忘，而是应当更加凸显。尽管数字中国建设强调"数实融合"，更多聚焦于制造业和现代工业，但是数字乡村建设同样至关重要。数字乡村建设的三个关键：一是乡村治理数字化；二是农业生产数字化、智能化；三是农民生活智慧化。这三个关键对应了"三农"问题的不同维度，诠释了数字中国在乡村中的具体实践。

黄寰教授指出，数字乡村建设不是只强调农村问题，而是以县域为载体，实现数字化的城乡融合。通过基础设施建设，实施数据的融合应用，实现对整个数字乡村建设的引领，这也是长江经济带乡村发展结合数字中国战略背景需要思考的问题。数字乡村建设，一要充分重视数据要素的发挥和价值的挖掘，工业领域或者城市地区对数据的沉淀有优势，而乡村地广人稀，数据采集不易，数据积累和价值挖掘不如城市；二要营造乡村数字化生态，要让农业的发展、农民的生活对数字生态形成自然而然的一种选择；三要注入金融"活水"，加大资金投入。数字乡村基础设施建设仅靠财政完全不够，需要更多的市场金融力量和主体来营造数字乡村氛围。

西南财经大学公共管理学院副院长陈朝兵副教授围绕"数字赋能如何推动农村公共服务的高质量供给"主题进行发言。数字乡村建设是数字中国战略的重要组成部分。一要重视和推进农村公共服务供给的数字化转型进程，投入资源建设数字化技术平台，促进数字技术与农村公共服务供给的深度融合；二要面向农村公共服务供给的需求表达、决策形成、匹配实现、结果评价等环节，开发数字技术应用功能，营造数字运用场景，充分发挥数字技术的表达赋能、决策赋能、匹配赋能和评价赋能，改善和提高农村公共服务供给效能；三要组织引导村民、村委干部、基层政府工作人员等主体加入公共服务数字化技术平台，利用数字技术调整自身参与公共服务供给活动的行为模式，促进公共服务供给过程的民主化、透明化和协同化；四要重点利用数字技术赋能解决农村公共服务供给中的参与路径闭锁、决策偏好政绩化、供给主体结构单一、信息化水平滞后等问题，全方位提升村民的公共服务感知水平，增强村民的公共服务获得感和满意度。

广东海洋大学粤西数智会计发展研究中心副主任、副教授谢清华围绕"共同富裕目标下数字赋农的社会学应用"主题发表了以下观点。一是赋能农民，让每个农民的数字入股，取得股权收入，让农民在数字经济发展中实现共同富裕；二是赋能农业，实现数字封装产品进入农业，实现农产品提档升级，进一步提升农产品附加值的同时实现农业的差异化发展；三是赋能农村，要让数字赋能农村，孤村不孤立，让农村在基层治理、应急管理等方面的能力进一步提升，推动乡村振兴发展。

长江经济带思想沙龙

（第22期）

长江经济带城市建设生态优先绿色低碳发展先行区路径

2023年1月31日下午，中国人民大学长江经济带研究院以线上会议方式成功举办长江经济带思想沙龙（第22期）——"长江经济带城市建设生态优先绿色低碳发展先行区路径"，来自中国人民大学、四川大学、华东师范大学、贵州财经大学、西华大学的专家教授参与讨论并发表了各自独特的观点。本次会议由中国人民大学长江经济带研究院院长涂永红教授主持。

在主题演讲环节，贵州财经大学中国西部绿色发展战略研究院院长张再杰教授基于习近平总书记提出的绿水青山是"四库"的重要论断和长江经济带规划提出的"四带"战略定位，进行了题为"'四库'理念与长江经济带综合治理"的演讲。张再杰教授指出，"四带"整体上与"四库"密切相关，要用建设"四库"的理念来推进长江经济带的发展。对此，要把握习近平总书记关于"四库"重要论述的内涵和意义及"四库"建设的机理和规律。

张教授以绿水青山"四库"建设在贵州的生动实践为引，从三方面给出了绿水青山"四库"理念在长江经济带综合治理中的实践建议。

第一，坚持运用系统观念谋划发展。党的二十大报告强调，要按照系统的观念和整体的思维来推动发展，要用系统的、协同的、一体化的方式"推进美丽中国建设"。长江经济带的经济总量占全国40%以上，涵盖沿线9省2市，是建设"美丽中国"的重点区域，应按照"生态优先、绿色发展"的要求，遵循"系统观念"的原则来建设和发展，对全流域山、水、林、田、湖、草、沙进行系统治理，统筹沿江城市产业结构调整、环境污染治理、生态修复保护和气候变化应对，协同推进全流域的降碳、减污、扩绿、增长，系统促进生态优先、节约集约、绿色低碳发展。

第二，坚持紧扣战略定位谋划发展。一是围绕全国生态文明建设先行示范带的定位要求，做好重点区域的先行先试，短期做示范引领，长期探路子建制度；二是围绕引领全国转型发展创新驱动带的定位要求，做好以大数据为引领的科技创新、组织创新、机制创新、业态创新，大力发展数字经济，促进传统产业转型升级，新兴产业加快发展；三是围绕东中西互动合作协调发展带的定位要求，做好长江经济带上、中、下游省市的协同，在重点产业梯度转移、资源开发项目布局、能源清洁化开发利用、生态补偿等纵横向机制方面逐一破题，实现从区域联合联盟到局部一体化再到全经济带协同发展；四是围绕具有全球影响力的内河经济带的定位要求，做好沿江城市经济社会的绿色化升级转型，在产业绿色发展、空间绿色治理、生活方式绿色低碳变革的分类探索上，逐步建成世界性的绿色都市圈、绿色新型小镇群、内河治理示范区。

第三，坚持以人为本谋划发展。每个人都是生态文明建设的实践者、推动者。长江经济带"四库"建设要坚持以人民为中心，建设和发展既要有效服务流域内近6亿人民，进而造福全国人民，也要充分发挥流域内所有人的主观能动性，激发相关主体的内生动力。因此，需要加强对"四库"宣传教育，切实把生态文明的种子"播种"在百姓心中，凝聚长江经济带高质量发展的建设力量。

中国人民大学环境学院教授、生态金融研究中心副主任蓝虹以"绿色金融与长江经济带生物多样性保护"为题，发表了主题演讲。内容主要包括三个方面。

一是生物多样性危机将给金融机构投资带来风险。生物多样性主要分为物种多样性、基因多样性、生态系统多样性三个层次，对长江经济带高质量发展至关重要。物种多样性面临危机，会导致食物链和生物链的断裂从而导致整个生态系统崩溃，基因多样性面临危机，容易发生因粮食缺少而产生的诸多社会问题。生态系统面临危机则会影响到经济系统、社会系统，必然带给金融机构两类风险，一类是物理风险，是生物多样性危机直接给金融机构带来的风险；另一类是转型风险，是生物多样性法律法规和政策变化带来的金融投资损失，该类风险的影响范围更大、程度更深。

二是开展金融机构生物多样性风险管理，将风险转化为机遇。金融机构生物多样性风险管理要遵循成本收益原则，不能简单地对项目投资进行否决，而是要化风险为机遇，把原来无法投资的、具有风险的项目转化为可以投资的项目。首先，减少风险管理成本，细化管理行业，着重识别出多样性高敏感行业，包括自然保护区、采矿、农业、畜牧业等21个行业。其次，按照金融机构生物多样性风险管理标准，对每个风险行业进行细致审核，采取相对应的方法进行风险化解，做到事前防范，使投资的收益大于成本。

三是绿色金融与长江流域生物多样性管理在以下三方面亟待探索。第一，如何运用金融机构的生物多样性风险管理将具有生物多样性风险的项目转化为对生物多样性保护有积极作用的项目，同时让金融机构化风险为机遇；第二，如何运用绿色金融工具和手段去增加生物多样性保护项目收益，使生物多样性保护项目由主要靠财政转化为靠市场激励；第三，如何将我国生物多样性风险管理以及我国绿色金融支持长江经济带生物多样性的标准方法和创新实践与世界各国相结合，如何实现大国通过绿色金融手段实现发达国家对发展中国家的资金转移机制需要进一步探索。

在嘉宾讨论环节，中国人民大学长江经济带研究院院长涂永红教授指出，绿色是中国式现代化建设的底色，长江经济带沿线城市更应该恪守绿色宣言，全面贯彻落实习近平总书记的"共抓大保护、不搞大开发"的指示，努力争创生态优先绿色低碳发展先行区，促进生态环境持续改善，推动社会经济全面发展和绿色转型。其中，绿色产业的选择是绿色低碳发展的核心问题，要以产业为抓手推动经济结构的优化和产业现代化。

涂院长认为，长江上游地区特别是西部省份需要将经济增长速度保持在适度较快的区间，这不能仅是停留在目标制定上，还要落实在产业上，更要有系统协调的财政金融政策支撑。实现共同富裕目标，西部必须有赶超的新赛道和新速度，才能缩短与东部的差距。近几年四川GDP的增长速度高于全国的平均速度，还应快马加鞭，在实现共同富裕目标的道路上作出表率。

涂院长建议：一是注重产业设计规划。除了大力发展清洁能源产业，包括四川在内的长江上游地区，要充分利用自身优势资源和禀赋，加强对传统产业的技术改造和绿色转型，利用绿色技术和数字技术推动产业数字化绿色升级改造。另外，服务业具有绿色低碳特征，要高度重视、大力发展服务业，着力提高服务业在经济中的比重，在产业规划和政策制定中有实打实的举措。二是完善协同发展机制。坚持系统性原则，不断创新长江经济带全流域绿色低碳发展的协同机制。长江上中下游高质量发展的具体目标和任务客观上有所差异，应在绿色低碳发展方面制定差异化的制度、政策。三是加大开放力度。应该将绿色低碳发展与构建新发展格局结合起来。下游东部地区经济国际化程度高，要用好现有开放平台，上游西部地区也要推进自贸区建设，建设西部陆海新通道，加强与中南半岛、东盟的合作，打造国际绿色产业链。

华东师范大学城市发展研究院院长曾刚教授以"长江经济带城市协同发展特征与优化建议"为题，从四个方面展开论述。第一，时代背景。一是协同发展是保障我国长期稳定发展的关键；二是协同发展是构建我国新发展格局的重要支撑；三是协同发展是建成我国统一大市场的重要抓手。第二，研究的科学基础与方法。研究要以系统论、控制论、协同论三个理论为科学基础，制定包括经济发展、科技创新、交流服务、生态支撑四个角度的长江城市协同评价体系。第三，特征分析。从总体来看，长江经济带城市协同发展能力水平呈逐年上升趋势，但沿海与内地城市群协同发展能力高度分化。从等级结构特征看，城市协同发展位序分为六类（龙头城市、高级区域中心城市、一般区域中心城市、区域重点城市、地方重点城市、地方一般城市），第四类占比较高。从空间结构特征看，空间集聚效应与空间异质性明显。从四大领域看，交流服务与科技创新呈现的相关性最强。第四，对策建议。一要发挥龙头企业的引领支撑作用，协同保障产业链供应链的安全高效。充分发挥大型国企、央企"领头雁"作用，提升优势产业领域领先地位；加大优质专精特新企业培育力度，构建先进制造业集群。二要发挥各级政府的主导作用，协同促进生态安全与绿色发展。压实地方政府生态环境保护职责，扎实打好长江保护修复攻坚战；建立健全生态资金投入和补偿机制，加快生态服务产品价值实现；完善支持绿色发展的政策体系，推动发展方式绿色转型。三要发挥新型举国体制优势，切实提升流域创新体系整体效能。聚焦流域战略性产业链、创新链，健全关键核心技术攻坚的新型举国体制；聚焦科技创新资源的优化配置，推进大型科学基础设施全流域开放共享；聚焦产业技术研发和成果转化，推进政产学研用开放式创新合作。四要促进经济带内外部联系，协同开创双循环新格局。做好带内联动，畅通流域合作通道，实现协同开放，高水平对接 RCEP，联动提升，构建全球自由贸易区网络。

四川大学西部发展中心主任、中国欧洲学会副会长邓翔教授从长江流域长期与短期平衡、协调与管理、开放与合作三个方面发表了演讲。邓教授提出，对中国来说，经济发展仍处于首要位置，但是要做到一个新的平衡，达到一个新的平衡点、一个稳定的平衡点。邓教授对此提出了三个建议。一是要关注短期和长期问题。首先要稳住经济、重振经济，提升公众、企业、民众对经济的信心与预期，并不断地发展经济，缩小西部地区与中下游地带的差距；其次要关注存量的改进，特别是像一些高污染行业，设备的改善、环境的改善空间仍然很大；最后是在长期与短期平衡方面要关注污染较高地区的发展问题和困难。特别要关注特定地区的平衡发展困难，找到解决困难的有效路径，如何建立有效平衡和补偿机制是非常重要的问题。二是要创新和改善长江流域协调与管理。当前长江流域调整和治理难度前所未有，在全球都罕见。因此，需要建立协调统一的管理模式和方式，以分而治之的方式进行。三是要加强长江经济带生态文明建设开放与合作。中国正面临很多外部的压力，但改革开放应该持续和加强，包括绿色金融发展问题及生物多样性的建设问题，都可以相互吸取先进经验。

长江产业园区规划研究院院长、西华大学战略管理研究所所长何东教授提出，四川作为长江上游地区，在生态治理上已经取得了重大成效，下一步要继续做好三方面工作。

一是进一步做好绿色低碳产业发展。四川要充分发挥清洁能源产业优势，进一步加强清洁能源产业发展、清洁能源支撑产业发展、清洁能源服务产业发展，在锂电、动力电池、晶硅光伏产业发展的同时，要更加因地制宜，结合自身资源禀赋完善产业上下游，打造清洁能源产业的全产业链。

二是进一步做好土地污染治理研究工作。在全国，土地污染问题仍很突出，全国土地污染率为16.1%，四川则为28.7%，远高于全国平均水平，四川应在土地污染治理方面下功夫，尤其是要充分利用稀土优势，加强科研投入，加快研发生产土地调理液等产品，在强化土地污染治理的同时寻求另一片蓝海。

三是进一步做好生态文化旅游开发。在工业产业发展的同时，我们也要注重生态文化旅游产业的发展，长江上游地区有许多独特文化，各地应该充分依托自身生态优势，挖掘自身文化价值，发展自身旅游产业，如筠连南丝绸之路不夜城、凉山州建昌古城等。

长江经济带思想沙龙

（第 23 期）

解读中央一号文件——建设宜居宜业和美乡村

2023年3月2日下午，由中国人民大学长江经济带研究院、四川宜宾国家农业科技园区管理委员会主办，宜宾市农业科技企业孵化器承办的长江经济带思想沙龙（第23期），以线上线下相结合的形式，在宜宾国家农业科技园区管委会成功举行。来自中国人民大学、贵州大学、宜宾学院的专家教授、宜宾国家农业科技园区管委会、宜宾市农业农村局、宜宾市乡村振兴局的部门代表、宜宾市商业银行、宜宾市农业融资担保有限公司等金融机构的代表参加了此次活动，围绕"解读中央一号文件——建设宜居宜业和美乡村"这一主题进行深度研讨。十余家在孵农业企业负责人出席活动，与在场的参会嘉宾进行了提问互动。会议由四川宜宾国家农业科技园区党工委委员、管委会副主任朱肪涌主持。

在主旨演讲阶段，中国人民大学经济学院刘金龙教授以"乡村振兴中的社区建设"为题发表了演讲。刘教授指出，从美丽乡村到宜居宜业和美乡村，是对乡村建设内涵和目标全方位、多层次的丰富和拓展，涉及农村生产生活生态各个方面，涵盖物质文明和精神文明各个领域，既包括"物"的现代化，也包括"人"的现代化。在未来的乡村建设中，应注意以下几个方面。一要持续加强村庄规划建设。坚持县域统筹，将村庄规划纳入村级议事协商目录。支持有条件、有需求的村庄分区分类编制村庄规划，合理确定村庄布局和建设边界。二要扎实推进农村人居环境整治提升。加大村庄公共空间整治力度，持续开展村庄清洁行动。三要持续加强乡村基础设施建设。加强农村公路养护和安全管理，推动与沿线配套设施、产业园区、旅游景区、乡村旅游重点村等一体化建设。四要提升基本公共服务能力。推动基本公共服务资源下沉，瞄准薄弱环节补齐短板。最后，刘教授提出了建设宜居宜业和美乡村的32字方针："整体思维、综合施策；循序渐进、系统推进；善于学习、不能绣花；群众主导、内生动力。"

宜宾国家农业科技园区管委会主任刘世明结合中央一号文件的宏观背景以及宜宾农业工作实际情况发表了主题演讲。刘主任指出：第一，后疫情时代粮食安全问题更趋复杂。粮食安全是社会稳定的基础，国家粮食安全面临现实挑战。在当前的国内国际形势下，粮食安全是重中之重，是现实需要。第二，农业产业发展现状整体相对落后。在人多地少的总体格局下，农业科技水平整体偏低，生产集约化程度低，产业规划相对落后。关于国家的宏观政策对宜宾农业工作的启示：一是要积极主动担当起粮食安全的政治责任，要让粮食安全责任"长牙齿"，充分发挥政府的主导作用和政策补贴引导作用，注重发挥平台公司引领作用。二是要积极拥抱农业科技。建立区域农业科技生态圈，建立农业科技自组织系统，发展丘陵山地智能农机装备，做好数字化农业的试点示范。三是要积极推进农业集约化。加快形成区域农业产业，有序推进土地集约化经营，以产业思维抓农业。第三，建设宜居宜业和美乡村是实现中华民族伟大复兴的中国梦的重要组成部分。要实现这一梦想，需要进行乡村产业振兴、乡村人才振兴、乡村文化振兴、乡村生态振兴、乡村组织振兴，这是一个系统工程，需要包括政府、农业经营主体等在内的全社会的共同努力。

中国人民大学长江经济带研究院院长涂永红教授介绍道，美国高度重视对农补助、农业高科技和对农民的培训，率先建立了高水平、系统性的新型职业农民培育体系，其农民收入的很大一部分都是来自政府补贴，而日本农村农业议员很多，这些都表明农业现代化发展离不开政府的大力支持，尤其是在财政金融上的支持必须到位。四川农村金融在全国排第一，其发展更表明农村金融发展需要金融服务平台、金融机构和政府支持形成合力。此外，做大做强做优农业，需要积极培育当地的龙头企业和上市企业，使农业产业发展融入龙头企业产业链。

宜宾市乡村振兴局乡村建设科科长王志宏：2023年是全面贯彻落实党的二十大精神的开局之年，是巩固拓展脱贫攻坚成果同乡村振兴有效衔接的关键之年。按照中央和省级要求，宜宾将"和"和"美"作为建设宜居宜业和美乡村的基本要求，在以下方面发力，逐步把乡村建设成为基础设施基本完备、基本公共服务普惠可及、人居环境优美宜人、社会治理和谐有序、精神富有文化繁盛的乡村。

一是加强党建引领，健全工作机制，统筹谋划推动部署落实。坚持以习近平新时代中国特色社会主义思想为指导，全面贯彻党的二十大精神，深入学习贯彻习近平总书记关于"三农"工作的重要论述和来川来宜视察重要指示精神，认真落实中央、省委、市委决策部署，切实把"三农"工作扛在肩上、抓在手上。全面落实省负总责、市县乡抓落实工作机制，充分发挥基层党组织的引领作用，建立健全上下贯通、一抓到底的工作体系。充分发挥各级党委农村工作领导小组牵头抓总、统筹协调作用，市乡村振兴局在乡村建设中做好决策参谋、业务牵头、政策指导等相关工作，相关市直部门（单位）全力配合，全面建立专班推进、项目库建设、清单制管理、信息监测评价以及发动农民和社会力量广泛参与、乡村公共基础设施管护等推进机制。

二是加强规划引领，科学编制方案，强化担当推动工作落地。以普惠性、基础性、兜底性民生建设为重点，突出规划引领，统筹资源要素，加强乡村基础设施和公共服务体系建设，补短板、强弱项、扬优势，促进城乡融合发展和乡村全面振兴，加快建设宜居宜业和美乡村。成立工作专班，制订18项重点任务推进方案。建立群众参与机制，开展"我的家乡我建设"群众性活动，引导农民积极参与乡村建设和管护。推动落实村庄公共基础设施管护责任，建立公示制度。

三是加强示范引领，统筹资源要素，以点带面推动创新突破。以实施和美乡村建设"百村示范、千村达标"工程为抓手统筹推进乡村振兴工作。选取一批基础条件较好、群众积极性较高的行政村或片区，开展乡村基础设施、公共服务布局和农村基本具备现代生活条件试点示范，建成一批基础设施基本完备、基本公共服务普惠可及、人居环境优美宜人、社会治理和谐有序、精神富有文化繁盛的宜居宜业和美乡村，以点带面、引领示范，促进全域推进。今年在竹海桃坪片区、三江新区长江工业园片区打造乡村振兴集中示范区。

贵州大学经济学院教授、中国林业经济学会常务理事陈卫洪：在产业规划方面，政府应树立大食物观，拒绝污染产业转移，选择生态型产业落地，保护粮食安全的同时促进乡村产业可持续发展。企业也应提高认知，因地制宜，注重对生态产业的筛选。在精神文化建设方面，政府应整合乡村原有资源，通过挖掘地方特色留住乡愁，通过推动乡村家风建设等方式树立乡村文化自信，整体提升乡村凝聚力。在市场建设方面，推进乡村品牌建设，完善乡村品牌价值体系，以产品品质为根本，提高产品的区域信誉度。在产业转型方面，持续推进农业现代化、数字化转型，以数字赋能乡村振兴。在体制改革方面，强化机制创新，平衡乡村、企业、政府三者关系，推进乡村产业协调发展。

宜宾学院郭鹏教授：建设宜居宜业和美乡村，是一个系统的工程，不是几个部门能解决的，涉及各方面。比如，和美乡村与人才有关系，也与环境保护的协同发展、生物多样性保护等相关。

宜宾市商业银行科技支行行长尹鹏程指出，从国家连续多年对中央一号文件释放的信号来看，国家对"三农"问题高度重视。金融服务机构应当在乡村振兴这片蓝海积极探索，创新合作机制和融资工具，挖掘极具潜力与优势的农业特色产业、产品，积极为农业农村建设提供金融支持。宜宾市商业银行科技支行作为地方金融机构，紧跟国家部署，积极为宜宾本土农业中小微企业开展金融服务。

宜宾市农业融资担保有限公司总经理赵中伟：一是强化政策担保。充分利用好易地扶贫搬迁、农村产权交易等政策，充分发挥宜宾市农业融资担保有限公司职能职责，积极引导担保业务向农业农村倾斜，精准发力。二是强化业务创新。充分利用好普惠金融政策，进一步降低客户融资成本，创新支持模式，积极释放民间资本活力，推出更多适用于农业农村发展的贷款产品。三是强化服务支持。充分发挥好乡村振兴工作组的帮扶支持作用，结合当地实际，进一步完善农村产业发展规划和"一对一"精准服务。

宜宾市农业农村局总农艺师许振健指出，建设宜居宜业和美乡村是建设美丽中国的根基，他结合自己在宜宾市农业农村局多年工作经验，深入分析当前粮食安全严峻形势和农村建设实践。当前，建设宜居宜业和美乡村面临生产组织化水平不高、农业科技推广与应用不足、农村产业化发展缓慢、人才支撑弱等痛点难点。对此，许总农艺师提出以下建议：一是鼓励建设新型的社会化服务组织和农资公司，加强政府引导，依托专业化平台优势，提高生产组织化水平和农业科技的推广应用，且在一定程度上解决融资和基础投入问题。二是找准差异化的发展道路和定位。宜宾丘陵山地较多，土地分散，流转成本高，可借鉴欧洲农业经验，定位生态农业，搞精致农业，提升农产品的利润率和差异化市场竞争力。同时，打造特色产业，主动匹配宜宾"5+2"产业布局，发挥各乡村特色，错位发展，鼓励争取政策支持，培育一批优势企业，吸引人才、留住人才、集聚人才。三是加快推进绿色有机农产品标准体系建设。目前市场处在由"吃饱"转变为"吃好"的阶段，消费者愿意为绿色有机农产品付费，但市场缺乏统一的绿色有机认证标准，导致农村产出的绿色有机农产品很难得到市场认可。因此，要汇聚多方力量，加快对无公害农产品、绿色食品和有机农产品标准的制定，推进绿色有机农产品市场有序发展。

宜宾市翠屏区农业农村局乡村振兴股副股长陈天雪：探索推进

"四化同步、城乡融合"发展。一是三产联动，发展符合乡村区域特色和农户意愿的休闲农业、乡村旅游、餐饮民宿、文化体验、电子商务等新产业、新业态，以及农产品冷链、初加工、仓储等项目，实现三产高效融合示范。二是以农村基本具备现代生活条件为根本指向，按照建设宜居宜业和美乡村总体要求，试点打造现代化聚居点。配套建设特色休闲街区、休闲广场、停车区等公共服务设施，结合农户意愿布局农家乐、儿童乐园、文创体验等农文旅消费业态。三是因地制宜创新多种方式给予种养业户种养补贴。各地经济水平不同，给予的补贴也应不同，不搞全国"一刀切"，从根本上提升农户种养积极性，以市场经济主导经营行为，以利润提升群众积极性。四是因地制宜做好乡村建设规划，分类互补布局相应功能区域，注重提升乡村自我造血功能，吸纳不同年龄层次的人群，以人为本创造效益。五是希望相关机构能够研发适宜丘陵地区实现农业现代化的农机设施装备。

长江经济带思想沙龙

（第 24 期）

金融支持区域经济高质量发展

2023年4月19日下午，新疆维吾尔自治区地方金融监督管理局来宜宾调研座谈会暨长江经济带思想沙龙（第24期）——"金融支持区域经济高质量发展"研讨会在中国人民大学长江经济带研究院会议室以线上线下相结合的方式成功举行。参加本次研讨的嘉宾有新疆维吾尔自治区地方金融监督管理局党组副书记、局长葛坦，新疆银行党委书记、董事长秦全晋，中国人民大学长江经济带研究院院长涂永红教授，宜宾市金融工作局党组成员、副局长喻杰，宜宾市商业银行股份有限公司董事长薛峰，西南财经大学长江金融研究院副院长杜世光。本次会议由长江经济带研究院执行院长万永春主持。

中国人民大学长江经济带研究院院长涂永红教授首先介绍了长江经济带绿色创新发展指数、天府金融指数等报告的编制情况。随后，涂永红教授指出，可以对区域金融发展情况建立科学的指标体系，进行长期的数据追踪，深入分析区域金融的发展亮点与突出问题，形成相关指数报告成果，作为地方政策的理论支撑与依据。新疆具有良好的政策基础，可以根据中央对其在经济和金融方面的要求有针对性编制相应的指数，用于反映新疆金融发展取得的进步、存在的短板，并为新疆相关政策的制定提供依据。就传统金融而言，西部地区与东部地区存在明显差距，但西部地区可以根据地方特色，以绿色金融、科技金融等新兴金融为抓手，实现弯道超车。新疆的农村金融、绿色金融及金融市场环境具有相对优势，建设区域金融中心可以从这些方面发力。

随后，与会嘉宾从政府层面、金融机构等角度就新疆创建丝绸之路经济带核心区区域金融中心和宜宾创建成渝地区双城经济圈区域金融中心的异同、路径、措施等进行了探讨。

新疆维吾尔自治区地方金融监督管理局党组副书记、局长葛坦指出，新疆是丝绸之路经济带的核心区，其区域金融中心建设更希望能在国际视野下进行比较，新疆的金融优惠政策分散在霍尔果斯、南疆等地，涂永红教授团队编制的海南自贸港金融指数等报告对新疆具有很大的启发意义。

新疆银行党委书记、董事长秦全晋指出，在新疆建设丝绸之路经济带核心区区域金融中心的背景下，新疆银行作为自治区层面的银行，有义务支持地方金融监管部门对金融业态、金融服务进行研究。新疆建设区域金融中心将从"向西走出去，如何与中亚、欧洲各国进行金融合作，通过金融引进青年人才支持外向型经济发展"等方面进行研究。

宜宾市金融工作局党组成员、副局长喻杰对近年来金融支持宜宾经济社会发展的特色亮点进行了介绍。他指出，在成渝地区双城经济圈和西部金融中心建设的大方向下，宜宾坚持以金融服务现代化区域中心城市建设，引导金融与实体经济同频共存、共生共鸣，取得了一定成绩。一是邀请省级政府部门、金融机构齐聚一堂召开金融助力宜宾加快现代化区域中心城市建设圆桌会议，为宜宾争取信贷资金支持。二是成立产业基金，与国内头部资本合作进行基金招商，在产业拓链成圈上实现新突破。三是为城乡融合提供资金保障，组织相关人员在市、区（县）进行融资工具的专题业务培训，探索提升融资效率新路径。四是在全市金融机构中设立金融小分队，开展针对民营中小微企业服务零距离等专项行动，助力民营中小微企业迈进新阶段。五是投入信贷资金帮助南溪区成功创建全省首批乡村振兴金融创新示范区，支持五粮液酿酒专用粮基地等乡村振兴产业项目建设，助力开创乡村振兴新局面。六是制定《宜宾市推进企业上市挂牌"五年行动计划"》，全市39家企业进入省级上市后备企业资源库，助力企业融入资本市场取得新进展。七是坚决打击非法集资，金融服务社会稳定形成新格局。八是推动地方金融组织提质增效，近5年来，在新设引进的同时，推进清理"僵尸企业"、运行艰难的金融组织有序退出，现存29家金融机构运行稳健，地方金融监管持续加强。

宜宾市商业银行股份有限公司董事长薛峰指出，近年来，宜宾市商业银行坚持以党建引领带动高质量发展，持续完善公司治理，深化改革转型，业务细分与宜宾的城市发展同频共振，不良贷款率、净利润、存贷款新增等主要指标表现良好，在助力宜宾加快现代化区域中心城市建设中切实发挥了金融国企担当。

西南财经大学长江金融研究院副院长杜世光介绍了宜宾金融发展情况，与调研组在研究产品和研究院运行模式等方面展开交流。

会上，与会嘉宾还就商业银行经营问题开展了探讨。

新疆维吾尔自治区地方金融监督管理局、新疆银行相关科室（部门）负责人，中国人民大学长江经济带研究院在宜助理研究员及各部（室）有关同志参加了本次会议。

长江经济带思想沙龙

（第 **25** 期）

实效经济学与宜宾市高水平开放

2023年6月7日下午，长江经济带思想沙龙（第25期）在中国人民大学长江经济带研究院会议室举办。本期沙龙特邀实效经济学创立人，中国人民大学经济学院教授、博士生导师罗来军做题为"实效经济学与宜宾市高水平开放"的专题讲座。会议由中国人民大学长江经济带研究院院长涂永红教授主持。

罗来军教授从实效经济学的创立源起、创新、应用等九个方面进行了介绍。他指出，实效经济学理论的提出是为了解决各国在发展中存在的问题和难题，该理论以"物"为轴线来研判经济事项和活动，其基本范式是"实效＝受众效益－投入消耗－所涉影响"，即经济追求实效最大化，则要实现受众效益最大化、投入消耗最小化、所涉影响最小化。他强调，实效经济学的最大精髓与核心要义是效率机制，通过这一机制来实现和保障实效最大化这一目标。同时，实效经济学提出了"全过程、所有方面"思维模式，这样可以规避人们的片面认知和判断。他表示，实效经济学能够为中国的高质量发展、全面节约等国家战略提供直接的理论支撑，而中国的高质量发展为实效经济学提供了实践样本，这是一个理论与实践相结合的过程。当前，实效经济学正从中国走向世界，推动中国高质量发展的成果成就和成功经验走向世界，以便各国学习借鉴。

罗来军教授还结合实效经济学分享了对高水平对外开放中经贸规

则的见解。一是新的国际经贸规则越直接、越简便、越对等，其效率越高。与传统经贸规则相比，最先进的国际经贸规则引入了很多因素，开始提出限制性条款，比如环境保护、童工使用禁止、劳动工人权益保护等。从实效经济学角度来看，在发展经济中引入对高污染、高排放、高消耗的禁止条款，在国际交往中引入保障人权的条款等限制措施，都是为了使所涉影响最小化。此外，在积极提倡负面清单、原产地规则等方面，则是减少了投入消耗，这让新的国际经贸规则更具效率。二是新的国际经贸规则需要找到一个精准的区间，追求差异化的公平性。自由贸易协定附录中大量的例外条款表明：无论在经贸协定中，还是在国际合作、国际事务洽谈等事件中，需要有一个可遵循的标准，但又不完全趋同。此外，国际社会的经济差距越小，社会越具有活力。强国与弱国因为二者实力上的差异，在绝对的公平下，国际贸易会出现"马太效应"，绝对差距会被拉大，因此，弱国应当享有更多的权利、受到更多的保护且承担更少的义务，强国应当承担更多领域的风险和义务，从而减小最终实效的差距，这便是实效经济学追求的差异化的公平。

讨论环节，中国人民大学长江经济带研究院院长涂永红、西南财经大学长江金融研究院副院长杜世光分别进行了点评和讨论。

中国人民大学研究生支教团在宜代表、中国人民大学长江经济带研究院助理研究员及各部（室）有关同志参加了本次会议。

长江经济带思想沙龙

（第 26 期）

现代化产业体系的构建与升级

2023年7月7日上午，长江经济带思想沙龙（第26期）在中国人民大学长江经济带研究院会议室举办。本期沙龙聚焦"现代化产业体系的构建与升级"，特邀中国人民大学财政金融学院教授戴稳胜做主题演讲，西南财经大学经济学院教授袁正、长江经济带研究院执行院长万永春参与研讨。会议由中国人民大学长江经济带研究院院长涂永红教授主持。

中国人民大学财政金融学院教授戴稳胜以"大国角逐永远的核心：现代化产业体系的构建与升级"为题，从以下四个方面进行了分享：一是现代化产业体系构建与升级的国际经验；二是我国产业体系的发展历程；三是以新型工业化建设促进我国现代化产业体系的完善；四是投资中国，投资四川。

戴教授指出，当前形势下的大国角逐实际上取决于现代化产业体系构建与升级的成功与否，成功则有助于跨越中等收入陷阱。产业现代化根植于现代产业体系，其构建既要发展现代产业，推动战略性新兴产业集群、构建新增长引擎，又要提升传统产业、巩固传统优势产业，具有完整性、先进性、安全性这几个基本特征。构建现代化产业体系要处理好实体经济与虚拟经济、产业发展与转型升级、一二三产业结构协调、传统产业与新兴产业、国内与国际这五方面的关系，通过短板产业补链、优势产业延链、传统产业升链、新兴产业建链，扎实推进新型工业化，加快建设制造强国、质量强国、网络强国、数字中国。此外，还要构建生产服务、生活服务都优质高效的服务业新体系。

随后，戴教授从时代背景、重点布局、重点产业、具体措施方面，介绍了美、日、德三国现代化产业体系建设的国际经验。认为三国的共同之处在于，一是政府主动建设"产官学研"一体化实体；二是政府出台相关政策，形成有利于战略性新兴产业发展的宏观政策环境；三是优化财税金融支持政策；四是引导新兴产业规范化发展；五是加大研发投入。

戴教授指出，当前，我国发展现代化产业体系既有高质量共建"一带一路"的机遇，也面临美国及其盟友的战略遏制。当然，这种遏制对我国既是挑战更是机遇，原因在于欧美战略遏制促使我国生产的产品加速市场化，形成国内循环并不断升级改善。新型工业化体系建设与现代化产业体系建设的路径高度重合，要通过新型工业化体系建设来促进现代化产业体系构建和升级。一是提升组织效率和人才质量。二是优化财税金融政策，降低要素成本。改革金融机构业绩考核方式，完善容错机制。三是优化产业政策，加快科技的自主创新。四是优化区域和贸易政策，畅通内外循环。五是加强市场监管，优化竞争环境。

最后，戴教授指出，我国现代化产业体系建设前景光明，四川作为全国经济大省，其前景同样备受期待。因为我国具有全球最大的、独一无二的市场（有消费能力的人口规模巨大，技术人才储备巨大，服务业尤其是生产性服务业的空间巨大），还有数十年积累的基础设施和人才资源红利，在国际上具有最强的制造业竞争优势，能持续吸引国际资本对华投资。就四川而言，成都可发挥极核城市的引领辐射带动作用，联合周边城市共同打造六个万亿级现代产业。

在嘉宾研讨环节，西南财经大学经济学院教授、西方经济学研究所所长袁正指出：发展才是硬道理，社会主义现代化归根结底是经济的现代化。中国有市场优势、人才优势，产业升级的前景非常可观。中国当前正处于经济恢复期和产业升级的关键期，产业升级的重点之一就是要加快建设创新引领、协同发展的现代化产业体系，实现实体经济、科技创新、现代金融、人力资源协同发展，使科技创新在实体经济发展中的贡献不断提高，现代金融服务实体经济的能力不断增强，人力资源支撑实体经济的作用不断优化。另外，还要注重建设现代化的基础设施体系、营造良好营商环境等，出台完善相应的产业扶持政策。

对宜宾的产业发展，袁教授建议：一是要高度重视和大力发展实体经济，坚持双轮驱动，传统产业要转型升级，新兴产业要创新驱动。积极转变发展模式，在实体经济上发力，不能再依靠房地产和土地财政。二是要大力引进高水平的人力资源。只有科技才能支撑实体经济发展，要大力引进高校、实验室、工作站、科研院所的人才，为实体经济提供坚实有力的科技支撑。三是要加大财政支持力度，建立产业发展基金，尤其是要对初创企业和新兴行业加大扶持力度，对于成熟的"专精特新"企业也要进行适度扶持，争取做大做强、挂牌上市。四是要加大金融支持，通过政府贴息或成立专门的政策性银行来支持创业贷款，降低企业融资成本，助力企业稳健发展。五是要保持产业选择开放性，除国家和省对宜宾有统一规划的产业外，其他方向和领域的产业要尽可能保持开放，呈现万众创新创业的良好局面。

长江经济带研究院执行院长万永春指出：推进新型工业化是全面建成社会主义现代化强国、加速实现中国式现代化发展目标的必由之路。近年来，宜宾以双轮驱动开启高质量发展"主引擎"，初步形成了"1+4+4"的现代化产业体系建设新格局，推动宜宾从制造大市向制造强市转变。根据中央、省委的部署要求，宜宾下一步将突出智能化、绿色化和融合化作为新型工业化的主攻方向，并坚持工业当先、质量为重，加快建设现代化产业集群。第一，做大做强市场主体，重视龙头企业示范带动作用。第二，落实"两个毫不动摇"，持续推动国有企业和民营企业共同进步。第三，高质量建设现代产业园区，提升产业承载力。万院长建议，现代化产业体系的建设应坚持三产融合，提升产业发展的质量；坚持创新开放，增强经济发展的活力；完善基础设施建设，筑实城市发展的根基。要以规划引领、科学布局，提升财政、金融、用地、用人等各方面的保障水平。

长江经济带思想沙龙

（第 27 期）

长江经济带数据信息库（中心）建设

2023 年 7 月 15 日上午，长江经济带思想沙龙（第 27 期）以线上研讨方式成功举行。本期沙龙由中国人民大学长江经济带研究院主办，围绕"长江经济带数据信息库（中心）建设"，特邀中国人民大学信息资源管理学院、应用经济学院、财政金融学院有关专家进行研讨。会议由中国人民大学长江经济带研究院院长涂永红教授主持。

中国人民大学长江经济带研究院院长涂永红教授首先介绍了"长江经济带数据信息库（中心）建设"的相关背景和要求，强调数据库建设首先应服务自身研究，支撑智库建言献策能力建设，其次是服务长江经济带有关党政部门和商业性社会机构，为其提供专业性报告和决策数据支撑。

中国人民大学应用经济学院副院长、教授黄隽指出，数据库的建设要明确定位问题、考虑"有用"问题、数据获取问题和知识产权保护问题。建议找准定位和特色，打造专而精的数据平台。

中国人民大学信息资源管理学院副院长、教授钱明辉从硬件与软件两个层面介绍了数据库的搭建逻辑，指出应深思数据库的知识产权问题、前期投入和后期效益提升问题。

中国人民大学财政金融学院副院长、教授钱宗鑫指出，数据库建设成本较高，需调动多方资源共建。关于数据获取，钱教授提出三点建议：一是调动现有资源，二是挖掘政府资源，三是积累调研资源。

中国人民大学财政金融学院教授何青指出，数据库建设要考虑目标和成本间的平衡，建议围绕研究院绿色创新指数报告等现有成果建设数据库，同时与项目发展进行配合，控制成本并实现可视化。

中国人民大学信息资源管理学院案例中心副主任、副教授杨冠灿指出，数据库建设首先应明确是知识库、数据资源库或者介于二者之间的类型；其次必须考虑经费成本，建议分期进行数据库建设。

中国人民大学信息资源管理学院副教授杨建梁首先指出，数据库建设应明确用户类型、用户需求、数据内容与形态、数据的联系以及展现形式等问题。随后，杨教授对数据库的功能层次进行了介绍，探讨了数据库的持续维护、平台展示等问题。

中国人民大学信息资源管理学院讲师祁天娇从数据库文件档案管理上强调，要以数据库为依托，建立一个资源的体系，在功能上重点关注整个资源体系的"收、管、存、用"四个阶段，建议针对不同阶段制定相应的管理规则。

中国人民大学长江经济带研究院助理研究员陈春浩参与研讨，建议在硬件方面可与现有数据平台合作，进行数据库建设。

长江经济带思想沙龙

（第28期）

经济高质量增长的温州经验研讨会

2023年9月19日下午，中国人民大学长江经济带研究院与温州大学商学院联合举办了长江经济带思想沙龙（第28期）——"经济高质量增长的温州经验研讨会"。会议由温州大学商学院（金融学院）副院长余向前教授主持。

会议分为主题演讲、嘉宾研讨、补充互动等环节。

主题演讲环节，温州大学党委书记张健首先对温州近年来的发展与产业布局进行了介绍：温州历来民营经济较为活跃，近年来，在习近平新时代中国特色社会主义思想的指引下，在经济总量、人口规模、产业结构等方面都取得了较大的进步。2022年，温州GDP突破8000亿元，常住人口968万人，电气、鞋业、服装、汽车零部件和泵阀五大传统产业规模接近9000亿元，加上近年来大力发展数字经济、智能装备、生命健康、新能源智能网联汽车、新材料五大战略性新兴产业，为温州经济提供了良好支撑。温州是传统的外向型经济，在"七山二水一分田"的资源限制下，必须向外突破获取资源，发展"地瓜经济"。全国大概有175万温州人在各地从事各行各业的工作，普遍以商业为主，还有贸易、采矿业、房地产、制造业等领域。他们在每个城市都比较活跃、团结，全国两百多个地级市都有温州商会。此外，温州海外侨民的影响力也比较大。温州民营经济活力背后是文化底蕴的支撑，尤其是近年来人口结构的变化、永嘉学派的滋养以及历史的积淀等因素，都在其中发挥了重要作用。

温州经济发展，既有经验也有不足，过去是讨论温州模式和温州速度，现阶段探讨在资源匮乏、要素不足制约下的民营经济持续发展具有重要意义。温州大学会承担起人才培养、学术探讨与科学研究的使命，认真抓好相关工作，力争为民营经济方面的研究多做贡献。此外，张健书记还指出，温州有市场经济发展较好的经验模式，但宜宾等西部城市也有在政府引领下的城市、产业快速发展经验，二者可以相互学习。

中国人民大学中国普惠金融研究院院长贝多广教授就"普惠金融与小微企业发展"进行分享，介绍了普惠金融的重要性和发展背景，澄清了以往公众对普惠的误解，强调普惠金融的"普遍＋惠及"，指出普惠金融发展要建立包容性的金融服务体系，坚持"政府引导、市场主导""客户保护"两项原则，服务于中小微企业金融需求。普惠金融的核心是能力建设，数字化普惠金融是未来发展趋势。数字化普惠金融时代，要特别注重政府、金融机构和小微企业金融能力建设，形成产融合作的良性模式。

随后，张健书记根据贝多广教授的分享提出了三个可研究的方向：一是民间信用体系建设。二是在普惠金融中，学生使用消费贷款的风险防范问题。三是在社区建设中，共享社·幸福里这类邻里市场如何通过政府引导、市场主导形成可持续保本商业模式，使公共民生服务供给产业化。最后，张健书记强调，科研不能仅凭兴趣，而是要真正将论文写在大地上，做有意义的研究探索。

温州大学商学院（金融学院）院长胡振华教授以"温州经验分析"为题进行分享。胡振华教授首先介绍了温州模式的发展历程与生命力。他指出，改革开放后，温州民间力量自发抢抓工业化、市场化、城镇化三种力量的改革红利，集群发展，抱团形成了最有特色的温州经济。随后以举例子的方式对温州经济的产权特征、产业结构特征、市场特征、商务成本特征进行了生动而深刻的阐释，如温州经济有如下产权特征：一是具有地理性、灵活性，形成较高的抗打击能力；二是产权清晰化使资源有效配置；三是产权归属的确定性或不确定性使谈判成本大大降低；四是以家族为主的传统产权制度演化成为特殊的现代产权制度。随后，胡振华教授介绍了温州的产业结构特征：一是分工体系很细但规模很大，成本较低；二是企业个体较小，5000万元左右的企业较多；三是生产必需品，形成品牌；四是企业向外迁移，形成"地瓜经济"。最后，胡振华教授基于盈利模式、地域文化、时效性和空间特征指出：温州经济是中国经济的一个特例。

中国人民大学财政金融学院党委副书记罗煜教授以"温州普惠金融发展经验总结与启示"为题进行分享，指出：温州作为我国民营经济发展先锋，在普惠金融发展方面主要有规划良好、基础设施建设良好、融资担保创新较多三个亮点。温州经验的借鉴，要从民营经济的发展基础、金融服务体系的完善、技术和人才等多角度进行考虑，为普惠金融提供良好的制度环境支持。

温州大学行业协会商会研究所执行所长周建华副教授以"行业协会商会高质量发展的温州经验"为题，从温州商协会高质量发展的重要性、具体目标、重要举措及商协会研究方向四个方面进行分享。他指出：商协会作为政府、市场之外的第三部门，在市场经济发展、行业管理、社会治理等方面扮演了非常重要的角色。温州正在创建新时代"两个健康"先行区，加快民营经济高质量发展，商协会作为以民营经济和民营企业家为主体的社会组织，在高质量发展要求下，肩负着促进民营经济转变经济方式，优化经济结构，转换增长动力的职能。温州商协会高质量发展的具体目标如下：一是发展重心由准入宽松、数量优先，向严把入口、以质取胜转变；二是布局结构由重复设立、业务相似，向整合优化、分工明晰转变；三是作用发挥由重点不彰、功能分散，向坚持问题导向、突出主体功能转变；四是承接政府职能转移由试点引领、全面实施，向示范引领、提质增效转变；五是商协会维权由单兵作战、单点逐个突破，向体系发力、优化营商环境转变；

六是会员发展由混业交叉、多头入会，向主业清晰、理性入会转变；七是内部治理由建章立制、权责明确、倡导商协会自治为主，向运转规范、制衡有效推动建立现代社会组织治理架构转变；八是商协会文化由联谊交流、浅层抱团，向聚焦创业创新、弘扬优秀企业家精神转变；九是社会治理由自发参与、自主探索，向自觉参与、系统实施转变；十是商协会党建由全面覆盖、规范运行，向激发"红色动力"、发挥党组织实质性作用转变。针对这十个目标，周建华教授提出如下重要举措：一是促进政府职能向行业商协会转移；二是促进商协会统一归口工商联管理，建立"三方治理"新模式；三是大力推进行业商协会"规范化、示范化、实体化、党建化"；四是行业商协会参与经济治理；五是行业商协会参与社会治理；六是行业商协会参与环境治理；七是行业商协会助力优化营商环境；八是壮大行业商协会发展骨干力量；九是全域推进县级工商联深化改革；十是增强商协会党建的红色动力。最后，周建华教授介绍了研究团队近年来在商协会方面的研究成果，为行业商协会在参与经济治理、社会治理、环境治理、营商环境建设等方面提供了很多有益指导。

嘉宾研讨环节，中国人民大学长江经济带研究院院长涂永红教授，温州市文化广电旅游局一级调研员、高级经济师岑利，浙江国宏工程咨询有限公司副总经理王智善参与讨论。

中国人民大学长江经济带研究院院长涂永红教授首先指出，温州民营经济的经营模式、发展特点、抱团发展等值得学习。长江经济带研究院是服务于国家重大战略决策，聚焦长江经济带高质量发展研究的高端智库机构。长江经济带发展中几个重要的规划可以借鉴温州发展中的很多经验，如长江流域的生态环境保护可以借鉴商协会促进环境治理。涂永红教授建议，可结合温州普惠金融发展、行业商协会参与环境治理等经验，整合相关资源，合作共谋长江经济带的产业升级、协同发展与生态保护等问题。

温州市文化广电旅游局一级调研员、高级经济师岑利首先指出：

温州民营经济历经"初创—发展—迷茫—调整—优化实体"五大时期。初创时期以改革开放和邓小平南方谈话为标志，发展最快；发展时期以温州市第一家民营企业上市为标志，也是黄金时期；迷茫时期以温州民间借贷资金链断裂为标志，是困惑时期；调整时期，以温州金融综合改革为标志，效果有限；优化实体时期以温州市"两个健康"先行区建设为标志，表现为对政策、环境及规模的优化。他认为温州模式中存在弊端和短板，对此提出以下建议：一是要注重产业链上下游的构建和保护，特别是要防止产业链的整体外迁。目前温州的产业链还存在上下游一体化程度低、与供应链创新链的衔接不紧、整体效应价值相对不高等短板，还需加大力度进行构建和保护。二是要善于把控风险。企业管理包括对时间、空间和情绪的管理，但一些企业家会缺乏对三者的管理，出现投资冲动，导致企业的波动甚至陷入财务困境。三是强调不盲目跟风、盲目自信、盲目扩张、盲目自卑。民营企业家出身和素质不尽相同，有时仅凭热情创办了企业，但在运营管理上跟不上，导致经营不善、效益不佳。四是要突出平台共建共搭、资源共享、品牌共创、团队共建、管理共赢、协商共享等比较优势，帮助企业寻找增长点和盈利点。五是聚力补齐短板。制约温州民营经济高质量发展的主要短板是科创金融支持不足，表现为科创金融知识不足、人才团队不强、内在机制不健全、国际环境不畅通等。目前真正对民营企业有利的金融产品较为缺乏，对民营企业高质量发展的支持力度不足。对此，应当关注民营企业实际需求，整理出制约民营企业高质量发展的问题，研究解决自然资源制约、人才团队薄弱、资金周转困难、办事效率低下、科技创新缺乏、产业链条不全、外向发展受阻、党建引领不强等难题，助力民营经济高质量发展。

随后，他介绍了推动民营经济高质量发展的温州经验：一是市委、市政府高度重视民营经济和高质量发展，坚持党建有力引领、社团努力共建、政企倾情合作、社会宽容创业，坚持有形之手与无形之手的无缝对接，为民营企业提供了产业链、供应链、创新链、服务链融合的基础环境。二是以科创金融助力民营企业。针对科创民营企业缺乏担保融资难，考虑建立产业基金、营造区域资本市场等。三是"两个健康"保驾护航民营经济发展。以实际行动帮助民营企业提前感知、防范、控制、化解风险，支持区域品牌创新和行业龙头企业创新，形成标志性成果。四是加强中观、微观政策的调整、调优，实现政策的溢出效应。

最后，他建议：第一，必须把民营经济的健康发展作为地方经济的重中之重、大事要事，抓紧抓好，解决民营企业家的后顾之忧。当前民营企业家普遍存在以下担忧：一是政府领导人事变动太快带来的工作方法改变；二是进度款项不对，导致资金成本的增加；三是个别管理者以个人喜恶定执行尺度，自由裁量权太大。对此，政府要加强公共服务供给，形成宽容创业失败、柔性执法的氛围，鼓励小作坊、小摊贩甚至小镇青年创业，配置创业创新的导师。第二，必须把民营企业的环境建设作为推动民营经济高质量发展的基础环境的抓手。通过科技创新、金融市场的基础建设以及民营企业制度建设、民营企业家容错免责机制等，加强投资环境、营商环境、执法环境、人才领域环境的改善。统筹好金融与经济的关系，实现基金对产业的全覆盖。统筹好金融需求和供给的平台，在满足市场有效金融需求的同时，着力推进金融供给侧的改革，把资源尽量倾斜给当地法人。统筹好开放和稳定的关系。第三，必须把民营企业的积累传承和可持续发展作为推动民营经济高质量发展的关键环节，抓深抓细，高度重视人才队伍建设。认识民营经济与国有企业相辅相成的关系，在引育职业 CEO 的同时，帮助新生代顺利接班，实现家族企业的可持续发展，最终推动民营经济的高质量发展。

浙江国宏工程咨询有限公司副总经理王智善就民营经济高质量发展与竞争力现代化提出：第一，要关注温州精神的传承。永嘉学派、"四千"精神等的融合赋予了温州精神厚重的文化底蕴，成为创业创新的内生动力与根本。第二，要关注传统优势产业巩固。在发展战略性新兴产业的同时，也要注重传统产业的营商环境建设和资源支持等，推进传统产业的高端化、智能化、绿色化、国际化，提升其生产效率和附加值，进而提升产品的竞争力、溢价能力、抗风险能力。第三，关注商协会资源利用。遍布国内国际的温州商协会历来是温州的优势资源，充分利用这一资源发展经济大有可为。第四，关注民营企业的信心不足问题。民营企业不乏活力和自主创新，但怕政策不明、朝令夕改，强调要保证政策的稳定性、从企业视角进行营商环境优化以及公平安全的市场环境的营造。

长江经济带思想沙龙

（第 **29** 期）

金融提升长江经济带绿色低碳发展质效

2023年11月20日下午，长江经济带思想沙龙（第29期）在中国人民大学长江经济带研究院会议室举办。本期沙龙聚焦"金融提升长江经济带绿色低碳发展质效"，特邀中国人民银行中国金融出版社原总编辑、总经理郭建伟作主题演讲。会议由中国人民大学长江经济带研究院院长涂永红教授主持。

中国金融出版社原总编辑、总经理郭建伟以"做好金融五篇大文章，助力长江经济带高质量发展"为题进行了分享。首先深度解读了中央金融工作会议精神，强调要紧跟党中央关于新时代金融工作的战略部署，坚持把金融服务实体经济作为根本宗旨，全力做好科技金融、绿色金融、普惠金融、养老金融、数字金融"五篇文章"。

随后，郭总编就新时代"五篇文章"的准确定义和深刻内涵进行了介绍，并指出，5G时代对数据的及时掌握带来了新的金融业态——数字金融，而新的技术革命使得数字金融和科技金融、绿色金融、普惠金融、养老金融都能进行有效融合。数字金融时代，金融业务的开展离不开金融科技，金融科技的提升与数字化的转型是这个时代的必答题。数字金融如今面临金融机构的数字化、数字人才、数字理念的转型，未来数字金融发展，需要加大对人才的数字化培训，也需要金融科技创新的技术注入和公共信息化平台等基础设施支撑。人才培养方面，交叉培养懂业务、懂科技、懂场景、懂市场营销、懂管理、懂心理学的跨界人才。

金融科技创新升级为数字金融方面，借鉴以下经验：一是数字金融一定要加强统筹规划，不能零敲碎打。二是一定要解决实际问题，不能纯理论探讨。中小银行发展数字金融，不能只做投资，而要从业务做起，拓展营销和场景建设，有利于增加金融服务，改善技术服务，拓展金融业务，提升金融绩效。三是要激发市场活力，拓宽受众面。金融科技升级为数字金融，会面临全新的理念挑战、机制挑战、安全挑战、数据治理挑战和人才挑战，只有市场接受才能长远发展。四是要解决监管问题。数字化转型是全局性工程，涉及面广、复杂度高，需要吸取互联网金融教训，以国家的战略、监管、要求为纲。在基础设施建设方面，建立以客户为中心的数据中心，抓取客户的业务行为数据进行加工，寻找最优方案，并通过支撑管理中心指挥专业人员进行精准营销。

接着，郭总编深入分析了长江经济带具有的长江链、产业链、创新链、供应链、银行服务链、诚信链、融资链、监管链八条内在联系链及相对应的重要作用。他提出，可运用"五篇文章"融合助力长江经济带的八条链建设：以科技金融支持产业链、创新链，用不同形态的科技金融支持不同阶段的科技创新。以绿色金融支持绿色长江经济带各业态发展。以普惠金融链接乡村振兴的各县、各镇、各村、各户特色，按照标准上链享受数字普惠金融服务。从长江经济带城市联盟的全局出发，鼓励养老金融与商业养老、政府养老、居家养老等业态结合，支持沿江各城"老有所养"，让年轻的人才放手创新发展。数字金融依托链信息平台，运用感知技术和物联网，将八链各节点企业的业务行为、业务活动数字化，通过智能管理保证链的数字化运营，以数字金融支持长江经济带八链融合协调发展。

最后，郭总编建议：宜宾作为长江首城，应探索创新建立数字绿色科技普惠养老金融联合实验室，以改革、创新、开发、实验、推广等吸引上中下游更多城市形成联盟。

成都中广电泛应用产业研究院执行院长林融首先介绍了研究院成立的背景、特色及经验，随后指出，宜宾近年来发展迅猛，在产业集群打造、绿色金融创新、产融结合方面成果丰硕，但宜宾仅有6家上市公司，资本市场发展仍是宜宾短板，金融支持产业发展有很大空间。最后，林院长建议：一是加强中央、地方合作规划；二是加强对科技金融、绿色金融、产业金融、国际金融等各类金融人才培养；三是打造融普惠、绿色、监管于一体的数字金融平台；四是推进产业协同创新；五是进行产业链、生态链建设。

西南财经大学长江金融研究院副院长杜世光指出，经济发展不可避免会遇到瓶颈，数字经济、数字金融是很好的突破模式，其关键是数据信息利用，但数据信息质量参差不齐，首要任务是对数据信息的质量进行甄别，剔除质效不佳的信息。此外，新模式的推广应用还需要关注两个问题：一是创新与合规之间的关系；二是数据安全问题，要做好透明与隐私保护的平衡。

宜宾学院经济与工商管理学部邱龙广教授围绕"金融提升长江经济带绿色低碳发展质效"这一主题，从"金融服务实体经济"角度首先指出："金融提升长江经济带绿色低碳发展质效"的前提是金融必须与时俱进，金融服务要完全满足经济社会绿色低碳发展的金融需求。对此，一是要培养复合型绿色低碳金融人才；二是完善绿色金融和碳金融市场机制；三是强化金融综合创新，丰富绿色金融和碳金融产品。

随后，邱教授指出，实现长江经济带绿色低碳高质量发展，可以从以下几个维度精准发力：宏观上，优化资金供给结构，大力发展科技金融、绿色金融、普惠金融、养老金融、数字金融等业态，形成覆盖生产、分配、交换、消费的绿色低碳的社会再生产过程，实现金融推进长江经济带降碳、减污、扩绿、增长。中观上，金融支持绿色低碳技术创新，推动传统产业实现绿色低碳转型升级；支持发展绿色低碳战略性新兴产业；支持布局前瞻性绿色低碳产业，形成产业生态集群，实现长江经济带产业绿色低碳融合高质量发展。微观上，商业银行、政策性银行、投资银行、保险公司、基金公司、天使投资者、风险投资公司等各类金融机构，基于各自功能定位，充分运用各种金融工具，主动发挥高水平的绿色金融和碳金融服务各类型企业全生命周期的能力，培育更多的"专精特新"企业集群，实现长江经济带上"专精特新"的绿色低碳产业链、供应链，更好地支撑和服务中国式现代化。

中国人民银行宜宾市分行副行长郑涛指出金融提升长江经济带绿色低碳发展质效，可以从以下方面发力：一是明确各金融业态的范畴并做好统计。比如，养老金融、数字金融的范畴界定和统计相对较难。对此，要争取多部门协调，明确标准。二是推进产业政策由差异化、选择性向普惠化、功能性转变，在标准化和部门协调基础上，确保政策的可操作性，使政策产品化，自上而下从而实现落地。随后，郑行长指出，宜宾金融发展，需要考虑以下问题：一是标准化问题。比如绿色产业的标准，由于国家发展改革委和中国人民银行统计口径不一致，会造成虽然项目是绿色的，但无法进入绿色项目库。二是做大与做小问题。写好金融助力地方和地方助力金融两篇文章：金融要引导头部企业给地方做贡献，地方性银行要做好差异化金融产品服务地方企业。

长江经济带研究院执行院长万永春围绕绿色低碳发展，结合宜宾实际，指出，推动绿色低碳发展，首要是坚持以习近平生态文明思想为引领，坚持在发展中保护，在保护中发展。宜宾地处长江上游，必须坚决扛起建设长江上游生态屏障的政治责任，同时，宜宾正走在以数字经济、新能源产业为代表的"一蓝一绿"赛道上，绿色低碳发展成为宜宾的现实发展战略。

推动绿色低碳发展，关键是以高水平保护为基础，探索建立生态价值实现机制，做好生态保护这篇大文章，筑牢长江上游生态屏障。一是守护好一江清水，以更严尺度做好全流域管理治理，坚持干支流协同全流域治理；二是抓好大气污染防治，全力打好"深度治理、臭氧污染防治、柴油货车污染治理、重污染天气消除"四大攻坚战；三是在高水平保护中积极探索生态价值转化的实现机制。

推动绿色低碳发展，重点是在产业、能源、交通、用地结构等方面进行调整，构建高质量发展机制。一是推动产业结构调整，以绿色化、高端化、智能化为方向，加快对机械制造、先进材料、能源化工、建材等四大传统产业进行改造提升，结合宜宾招商引资以及"一蓝一绿"产业发展实际，前瞻布局新型储能、数字能源、通用人工智能辅助产业、智能网联新能源汽车等四大未来产业。同时加快打造世界级白酒产业集群、全球一流动力电池产业集群、国家级光伏产业集群、全国同类城市领先的数字经济产业集群，加快发展绿色生态农业、现代服务业。二是构建合理的能源结构，提高能源利用效率。传统能源结构方面，围绕能源的适应性和自身发展的能源需求，研究构建合理的能源结构来支撑宜宾未来发展；新能源方面，依托宜宾动力电池、光伏产业优势，大力发展新型储能，出台支持储能产业发展的专项政策，加快推进储能产业园建设，推动零碳园区、光伏一体化等应用市场建设。同时，推动国资进军新能源领域，以实际行动贯彻新能源转型的现实要求。三是推动交通运输结构调整。大力实施"电动宜宾"行动，结合宜宾凯翼新能源汽车的推广，推动基础设施先行，加快城乡两级覆盖的电动网络建设。同时，大力实施"电动长江"行动，大力发展多式联运，利用大数据、数字化手段优化公共交通线网布局，实现公交智能化，进一步推广智轨应用。四是推动用地结构调整，按照人口资源环境相均衡、经济社会生态效益相统一的原则，采取四项措施整体谋划国土空间开发，科学布局生产空间、生活空间、生态空间。

长江经济带思想沙龙

（第 30 期）

区域经济高质量发展研讨会

　　2023年11月27日上午，长江经济带思想沙龙（第30期）在中国人民大学长江经济带研究院会议室成功举办。本期沙龙聚焦"区域经济高质量发展"，特邀中国人民大学财政金融学院院长庄毓敏教授、副院长钱宗鑫教授作专题报告。参加此次会议的还有中国人民大学财政金融学院教授郭彪，宜宾市人大常委会副主任、中国人民大学长江经济带研究院联席理事长邓前卫，宜宾市生态环境局党委书记、局长贾利华，宜宾市委政研室副主任、市委改革办副主任杨莉，宜宾市委人才大学城局副局长曾振华，宜宾市发展改革委副主任黄以海。会议由中国人民大学长江经济带研究院院长涂永红教授主持。

　　中国人民大学财政金融学院教授郭彪代表2023年长江经济带绿色创新发展指数报告课题组作专题报告，他总结了课题组前期工作并指出，《长江经济带绿色创新发展指数报告（2023）》以"创新引领高质量发展"为主题，根据高质量发展的五个维度，从知识产权保护、对外开放、教育投入以及具有地方特色的创新制度等几个逻辑链进行阐述，按照科学性、系统性、可比性三大原则进行编制，能有效甄别长江经济带各大城市发展中的短板和突出问题，给长江经济带全流域绿色创新发展提供科学参考和决策依据。随后，郭教授介绍了指标的编制方法及特色，指出今年的绿色创新指数有如下创新点：一是增加了长江经济带城市"创新引领高质量发展"专题，系统性梳理了创新与高质量发展的理论研究，为长江经济带发展提供学术参考和科学决策依据。二是整理了城市先进经验，分别从八个指标入手总结排名靠前城市的代表性措施，对标先进城市，见贤思齐。三是精选了四个代表性城市案例（宜宾、重庆、上海和苏州），学习他山之石，吸取优秀城市经验做法。随后，他分别从长江经济带城市整体、长江中下游城市、不同城市性质、绿色创新投入与产出指数四个角度介绍了《长江经济带绿色创新发展指数报告（2023）》显示的得分排名情况，并分享了长江经济带城市在创新制度、研发投入、创新基础、创新转化、创造产出、绿色经济、生态环境、健康生活八个方面的先进经验。最后，顾教授对宜宾的排名情况进行了深入分析，并提出以下建议：一是坚持加强政策引领，促进企业成长为创新重要发源地；二是鼓励企业加大研发投入，加快科技自立自强；三是提升知识产权公共服务效能，激发企业自主创新活力；四是建设高水平科技人才队伍，提供科技创新动力源；五是加强专利链与产业链融合，促进科技成果转化。

中国人民大学财政金融学院副院长钱宗鑫教授代表课题组作专题报告。他指出，《成渝地区双城经济圈协同发展指数报告2023》围绕"双核引领、区域联动"的原则，从宏观经济、协同创新、基础设施协同、贸易金融、城乡融合和产业发展六大维度（6个一级指标）拓展了对成渝地区双城经济圈协同发展的评估，通过设置6个一级指标和各自对应的若干二级指标、三级指标，以2018年为基期，主要评价以重庆和成都两个中心城市为核心的成渝城市群2018—2021年的发展情况，有利于地区对发展的自我诊断和宏观经济政策的制定和实施。该报告显示，2021年《成渝地区双城经济圈建设规划纲要》发布以来，成渝地区双城经济圈经济一体化程度显著加强。报告期内，成渝地区双城经济圈协同发展指数逐年增长、总体向好，创新、基础设施、贸易金融与产业发展领域发展迅速，但均存在内部发展不均衡的问题。报告建议，健全成渝合作机制，完善配套政策体系，加强科研创新与科技成果转化，加大对外开放力度推动贸易发展，加快金融与产业进一步融合，构建高效分工、相互融合的现代产业体系，强化两地公共服务共建共享，必将促进城乡之间生产要素流动更顺畅、公共资源配置更均衡、生产力布局更合理，推动成渝地区经济高质量发展。

宜宾市委政研室副主任、市委改革办副主任杨莉围绕两大报告指出，《长江经济带绿色创新发展指数报告（2023）》显示，宜宾在研发投入、创造产出、健康生活这三个方面相对较弱，但整体来看，2019—2021年，宜宾的绿色创新发展水平在长江上游城市中排名第六，绿色创新发展水平不断提高，为宜宾打造生态优先绿色低碳发展先行区提供了良好支撑。《成渝地区双城经济圈协同发展指数报告2023》显示，宜宾整体发展不错，但在城乡融合方面发展相对滞后。对此，宜宾围绕四川省委提出的"四化同步、城乡融合、五区共兴"选取了三个区域进行"四化同步、城乡融合"的试点示范，指数报告的分析为宜宾下一步工作重点提供了一点方向。

宜宾市生态环境局党委书记、局长贾利华首先结合《长江经济带绿色创新发展指数报告（2023）》中的生态环境指标设置，对当前宜宾的生态环保进行了以下说明：第一，作为"无废城市"建设试点城市，近年来，宜宾的工业固体废物综合利用率、资源再综合利用率等指标发展迅速，在"无废城市"创建中也形成了系列指标体系，可为绿色创新指数提供数据支撑。第二，在2022年城市空气质量优良率比例计算中，既要考虑北方城市沙尘暴天气的扣除，也要考虑南方城市臭氧天气的扣除，否则时间序列是不完全可比的。第三，生态环保的核心竞争力是水，地表水指标方面，可加上二类水比例。随后，贾局长针对《成渝地区双城经济圈协同发展指数报告2023》中涉及资源环境的城市绿化覆盖率、人均水资源等指标，他指出，宜宾人均水资源占有量低于全国、全省的平均水平；宜宾原有森林覆盖率较高，但近年来受政策、计算口径的变化影响处于下降趋势，未来的评估中对该指标应进行优化。贾局长建议：一是要贯彻落实习近平总书记关于高水平生态环境保护支撑高质量发展的要求，在下一步研究中适当考虑增加二类水天数增加、重污染天气下降等表明生态环境质量改善的指标，提高可比性。二是生态优先绿色低碳发展是习近平总书记对整个长江经济带发展的要求，因此可考虑在编制指数时融合建设生态优先绿色低碳发展先行区的相关指标。

宜宾市委人才大学城局副局长曾振华对于《成渝地区双城经济圈协同发展指数报告2023》提出建议：在后续的报告中考虑增加宜宾等区域中心城市之间的对比，在对比的基础上评估宜宾同重庆的协同发展情况，以便发现不足，更好地指导区域中心城市与重庆的深度融合及高质量发展。

宜宾市发展改革委副主任黄以海对绿色创新发展指数提出三点建议：一是在评估长江中下游城市时，指标权重可适当调整，使得指数更具针对性，更利于地区自我诊断与政府决策参考。二是可考虑在绿色创新发展指数中增强对生态产品价值实现机制、长江流域生态补偿机制的研究。三是可将宜宾地区好的经验和成效进行总结提炼，为落地性、操作性强的政策建议提供参考。黄主任还对成渝指数提出建议：一是要提高数据的实效性。二是建议在产业发展指标中增加地区产业对川渝两地经济贡献度的二级指标，在相应的对策建议中，聚焦川渝两地在产业方面的协同联动提出针对性政策建议。三是在协同方面，探索成渝地区双城经济圈涉及的44个节点城市在共同发布政策、签订协议、合作共建等协同活动方面的指标，分析节点城市间协同互动的频率、领域，如分析生态文明方面互动占比，并以此为基础提出后续合作建议。

宜宾市人大常委会副主任、中国人民大学长江经济带研究院联席理事长邓前卫指出，宜宾现有两大困扰：一是省委、省政府支持宜宾创建生态优先绿色低碳发展先行区，宜宾市委、市政府对此有具体分工，但在后续推进工作中还面临挑战。二是省委提出宜宾、泸州共同加快建设省域副中心，绵阳加快建成省域副中心，达州、南充积极培育副中心，在此情况下，宜宾如何找准定位推进建设也值得深思。在产业发展尤其是新兴产业发展方面，宜宾真正具有代表性的是动力电池、光伏两大产业。动力电池产业产能目前面临结构性过剩，需要国家进行调控；光伏产业后来居上，发展势头优于省委、省政府确定的乐山、眉山两个光伏发展重点城市。未来，如何推进两大绿色产业建设值得思考。在城乡融合方面，农村存在基础设施相对落后、人口流量及绝对人口太少、产业单一且基础薄弱、返贫隐患等问题，未来如何在农村人口急剧减少的情况下实现乡村振兴、城乡融合对区域高质量发展至关重要。

中国人民大学财政金融学院院长庄毓敏从国家战略角度指出，长江经济带的研究，要求打造绿色创新发展模式，形成示范，最终落到发展上。绿色必须靠技术支撑，技术要靠创新来发展，因此，形成绿色和创新两大重要发展理念，创新是其桥梁。作为发展中国家，通过绿色创新实现国家、社会、民族的进步，是中国式现代化的应有要义。成渝地区双城经济圈是国家西部发展战略的一个支点，在此前长三角、东三省、粤港澳、京津冀等一体化建设基础上，谋求加快共建利益共同体。在指标体系的设计方面，既要考虑长期性，也要考虑经得起检验，未来会不断优化。城乡融合有两条路：一是与经济发展水平相关，经济发展到一定阶段后，反哺农村。二是与经济发展模式相关。以苏州为例，得益于县域经济的强大和"撤乡并镇"，苏州在二十年前几乎就消除了城乡差距，实现城镇化与城乡融合。宜宾的城乡融合发展，首要是研究发展模式。